請問鬼怪

穿越台日幽冥幻境，
無極瑤池金母
讓你看見內在恐懼與執念

宇色 Osel——著

目次

前言

在鬼影與靈光之間，探尋覺醒之路

在虛幻與實相交會之間，我展開內在對話的探索。這無關信仰或神祕經驗，而是以純然的覺察，洞見現象背後宇宙的運行，並在觀察中觸及轉化的契機。

《請問鬼怪》的誕生

《請問鬼怪》源於一次與橡樹林總編輯的閒聊。當時我們正在討論下一本書的內容和題材，我也順便分享了未來幾本書的出版計畫。原本這本書並不在近期出版的規畫，因為我已經開始著手整理和編輯其他作品了。

然而讓我意外的是，隔天出版社就告訴我，經過一個晚上的思考，他們認為我應該提前出版這本書。總編輯認為，由於我前幾本書都著重在靈性層面，加上大多數讀者是因為我的靈修、拜拜書籍以及靈修身分而認識我，但我已經將近十年沒有寫這方面的主題了。

我從二十多歲開始走上靈修之路，不只在自己身上，更在許多信眾與個案身上，看到了許多超乎常理、難以解釋的靈異現象。在這個過程中，藉由靈修指導神無極瑤池金母的指引，我逐漸發展出一套既理性、客觀又不失溫度的解讀方式，為許多困惑的個案帶來慰藉與理解。

然而，我從未想過要將發生在自己身上的靈異經歷，以及無極瑤池金母如何幫助我理解這些不可思議的事件，整理成文字與大家分享。他們希望藉由提前出版這本書，一方面讓讀者重新認識我特殊的身分背景，另一方面也期待，這樣的題材能為我的系列作品中帶來轉折，引導讀者不只專注於身心靈界，更能理解鬼怪靈異與個人靈性的關聯，進而正視內心的恐懼，看見世界的另一層面。

經過一晚的思考，我決定暫停所有原有的寫作計畫，包括已經開始撰寫的書，全心投入這本書的創作。某種程度上，本書就像是一部半自傳，在寫作過程中喚醒了許多塵封的記憶，包括很多出國旅遊時的經歷。這些故事當時都沒有用筆記錄下來，純粹是在寫作過程中一步步挖掘、回憶。

坦白說，整個寫作過程讓我感到無比過癮。一方面是因為回憶起過去發生的故事，驚覺原來我去過這麼多地方；另一方面，每當我將這些靈異鬼怪經歷請示我的靈修指導神無極瑤池金母時，祂給予的答覆總是出乎意料。在邊寫邊請示的過程中，我驚訝地發現，這竟成為了一場意想不到的閉黑關修行。每一個故事在無極瑤池金母的指引下，這些看似令人戰慄的鬼怪故事，經祂的解釋，竟意外地成為我再一次轉化內在與靈性淨化的契機。過去那些令人不安的經歷，都成為了靈修的養分。

這些心得不僅幫助我在面對各種超自然事件時，能夠保持清明的心智，也讓我更深入地理解到：在每一件鬼怪靈界事件的背後，都蘊含著值得我們省思的生命智慧。

鬼怪，其實是另一種邀請

《請問鬼怪》不只是單純講述靈異故事，而是希望帶領大家用不同的角度來看待這些現象。許多人對靈異事件的第一反應是恐懼，但我希望透過我的經驗和研究，讓讀者明白，這不僅是嚇人的故事，更是一個值得深入探討的領域。

從小到大的靈異經驗讓我深信，所謂的山妖鬼怪、魑魅魍魎，皆是與我們的世界重疊存在的，就如同清醒與夢境的轉換。我們不能因為夢境在醒來後消失，就斷定它全然虛幻。同樣地，面對靈異事件，我們不一定要立刻相信，也不必全盤否定。有時候，它們只是邀請我們放下既有的成見，靜下心來感受，那些鬼怪與無形存在究竟想傳達什麼訊息。

科學無法解釋的現象並不代表它不存在，而是提醒我們，不能用局限的態度看待世界。我們應該承認，世界充滿多元性、多樣性與不可預測性。當我們以更具彈性的角度來看待這些事件，也會對自己和他人的生命歷程有更深刻的理解。

這本書，便是為了提供這樣的視角而寫。

在你翻閱這本書之前，我想先和你分享兩個我這輩子註定與靈異世界密不可分的特殊經歷：一個是我異於常人的早期記憶能力，另一個則是發生在七歲時令人難忘的瀕死體驗。這兩個經歷，彷彿冥冥之中早已經註定我此生與鬼怪、靈異脫不了關係。

早年記憶

你還記得自己是從幾歲開始，意識到自己活在這個世界上嗎？我大約從三、四歲左右就開始有印象了。奇怪的是，這些記憶異常清晰，甚至連家人經常提起我小時候說過的話——他們以為我早已忘記，其實我全都記得……

還記得小時候，父親常常帶我去他住在山上的朋友家玩。每次回來時，已經是深夜十點多或十一點多。我總是趴在父親的野狼125摩托車油箱上，或者站在後座，抱著他的肩膀。每當母親得知我們深夜才回家，總會大罵父親怎麼能如此散漫，因為那時我才三、四歲而已。

另一個鮮明的記憶，是在雲林北港外婆家的經歷。有一年過年，我和母親回到她的娘家，一位長輩總像保姆般照顧我，但我對他的身分毫不知情。當時，我對北港鄉村生活中的牛和牲畜特別感興趣，總想跑去看牛，但那位長輩卻總是拉著我，不讓我靠近。我不停地問他：「為什麼不讓我去看？」最特別的是，當我向母親描述這位長輩的外貌時，她和外婆都無法確定這個人是誰。這讓我至今仍然感到困惑：為什麼你們會讓一個身分不明的長輩帶我出去玩？那一年，我也不到五歲。再往更早的記憶追溯，父親常載著我和哥哥回到舊家，去探望以前的鄰居。我對那些鄰居幾乎毫無印象，但那時我才不過兩、三歲，卻對回舊家的場景記得異常清楚。

在這些早期記憶中，還有一個特別的實驗。小時候，我曾經有個奇特的想法：如果我晚上不睡覺，世界會變成什麼樣子？這個問題一直困擾著我。我們總以為入睡時，世界會維持清醒時的樣子，但那只是我們的想像。為了驗證這個想法，我曾連續幾個晚上不睡覺，從天黑守到天亮，只為了觀察房間裡的物品是否會在夜裡移動。現在回想起來，在那麼小的年紀就能為了一個想法堅持整夜不睡，確實是件不尋常的事。

瀕死經驗

到了七歲那年，我經歷了一場改變一生的瀕死體驗。這段體驗讓我真實感受到，當人與死亡對視時，那種出乎意料的平靜與超然，彷彿靈魂已經與軀體分離。

那天，父親帶著我和哥哥去山上的露營區，營地旁有一個溪潭，直徑大概不超過三到五公尺。父親站在湖泊的對岸向我招手，要我游過去。儘管我一再強調自己不會游泳，但因為溪潭看起來很淺，甚至可以看到湖底，所以父親半開玩笑地說：「過來吧，真的不行的話我會接住你。」那時，我彷彿被湖底的無形力量牽引，整個人被拉入了水中。我最後沉入溪潭的記憶，就是在說出「我不會游泳」的那一刻。

當我沉入水底、抬頭望向水面時，父親焦急的身影被水波扭曲，他的呼喊聲穿透水面傳來。而我就這樣載浮載沉，既不會游泳，也不知該如何移動，卻奇蹟般地保持著完美的平衡。我的注意力完全被湖中的景色吸引，甚至忘記呼吸這件事。奇異的是，即使完全不諳水性，當下我卻沒有絲毫恐懼。我的眼睛在水中是睜開的，夕陽的光線穿透水面，我的手在水中顯得異常清晰。湖底的石頭也清晰可見，至今我仍記得石頭上布滿的綠色青苔，我當時甚至伸手去觸碰它們。我的意識像是分裂成了兩個部分：一個完全沉浸在寧靜的水底世界，另一個則冷靜地觀察著上方的騷動。而我最後的記憶，就是被父親拉出水面。

事後我們才得知，這個看似平靜的溪潭竟然奪走不少孩子的生命。儘管潭水看起來很淺，卻讓許多沒有大人陪同的孩子在玩耍時意外溺斃。後來父母遵循長輩的建議，帶著我重返潭邊，拿衣服、金紙和香火做了一個簡單的收驚儀式。

直到今天，那段差點溺斃的經驗依然深深烙印在我心中，不只是因為它驚險，更因為那是我第一次真切地感受到——死亡，其實並不遙遠。但奇妙的是，當死亡近在咫尺，我的心裡卻沒有恐懼，只有一種說不出的分離感，像是意識從肉身中抽離，進入一種寧靜無聲的狀態。死亡對於親人是難以承受的悲傷，但對逝者本身而言，可能是一種解脫。在生命的最後時刻，彷彿獲得了超越日常的寧靜，不再被苦難、掙扎和期待所困擾。它不是結束，而是一種回歸平靜的方式。

鬼對我的特殊吸引力

從小，家人對我探索未知的好奇心抱持著默許，甚至到了「放牛吃草」的程度。正因如此，我得以毫無拘束地深入鬼怪與靈異的領域，使我從小就不畏懼那另一個世界，反而有著異於常人的冷靜與淡然。

細細回想，這份看似偶然的性格養成，恰如冥冥中的安排，為我日後踏上靈修之路鋪就了一條鮮為人知的途徑。當我以這份無畏的態度探索鬼神世界時，那些毫無禁忌的童年經歷，竟成為我理解更深層靈界奧祕的基石——而這奧祕背後隱藏的另一種聲音，遠比我們表面所見的更加真實且震撼。

我總是充滿好奇：死後的世界是什麼樣子？人在臨終時有什麼感受？傳說中的鬼魂又是什麼模樣？那時的我並非迷戀血腥畫面，而是直覺這些現象背後藏著重要的真理。奇怪的是，這些題材不但不會嚇到我，反而驅使我想一探究竟。

令人毛骨悚然的心靈寫真與靈異實驗

這份對靈異的好奇心不但沒有隨著年齡增長而減退，反而愈發強烈。當我開始有了零用錢，識字能力也提升後，便時常流連於書店，特別被從日本進口的原文雜誌所吸引。

那個年代，日本的靈異文化在台灣逐漸流行，許多雜誌專門收錄日本各地的民間故事、都市傳說，以及關於靈異現象和實驗的報導，例如校園碟仙、狐仙傳說、鬼屋探險等。這些雜誌甚至還附上極為驚悚的「心靈寫真」（しんれいしゃしん）。那些心靈寫真大多呈現著詭異恐怖的場景：人物表情扭曲得令人不安，照片色調灰暗陰沉。這些照片有著共同特徵——某人的手臂莫名消失，合照中憑空多出一隻蒼白的手搭在肩上，或是畫面角落浮現一張扭曲的灰白青臉，幽幽地望著鏡頭……有趣的是，即使到了今天，YouTube上那些日本靈異題材的影片，拍攝和呈現方式仍然和一九七〇年代的心靈寫真一樣。

雖然這些靈異雜誌價格不便宜，但我還是努力存下每一分零用錢和壓歲錢，就為了把它們帶回家。記得有一年過年，我拿到紅包的那一刻特別興奮，因為終於可以去買那些雜誌！當大家還沉浸在過年的歡樂氣氛，我已經抱著期待已久的靈異雜誌，沉醉在妖魔鬼怪的世界裡。全彩印刷讓每個故事、照片和插圖都栩栩如生。在那個年代，台灣幾乎找不到這樣的靈異雜誌，而在這些日本靈異雜誌的薰陶下，我對各國的靈異信仰產生了濃厚的興趣。有趣的是，現在網路上很流行的裂嘴女、頭髮會不斷留長的日本詭異娃娃等都市傳說，我在小時候就已經在這些雜誌裡看過許多版本了。這些故事流傳至今，依然能引起大家的興趣，可見日本靈異文化的魅力歷久不衰。

當然，隨著科技進步，已經證實不少網路上流傳的靈異照片與影片其實是偽造的，有些甚至一眼就能看出破綻。雖然知道了這些靈異現象不全是真的，但並沒有削弱日本靈異在我心中的地位。對我來說，日本靈異的魅力不只在於真假，而是它如何把靈異和文化緊密結合在一起。

見證台灣靈異的崛起

一直到快上國中左右，台灣才開始有越來越多這類型的靈異書籍和雜誌出現，此時，我才從日本靈異探靈轉向台灣本土靈學。那時候，台灣有一批專門在探討靈異、鬼神的雜誌，例如《翡翠》《靈異》，記載了許多真人真事的靈異故事，還有一些記者親自採訪的案例報導。現在大家耳熟能詳、人已仙逝的呂金虎所帶領的觀落陰與元辰宮、花蓮後壁林千代師姑牽亡靈、盧勝彥啟靈學，以及養小鬼、下蠱、通靈、狐仙、陰陽眼等靈異文化，在我當時小小的年紀，就已經開始認識和探索了。

我對靈異事物的探索並非只停留在雜誌書籍的報導層面。隨著年齡增長，我的閱讀興趣逐漸從純靈異題材轉向更具文學性的作品。其中，司馬中原的鄉土靈異小說便是我少年時期重要的靈修養分。司馬中原作品的特別之處，在於他筆下的靈異故事都有深厚的生命底蘊和歷史背景。他不是單純在講鬼故事，而是透過完整的人物塑造和在地特色，為故事注入了濃厚的草根性。另一位對我影響深遠的作家是倪匡。與司馬中原不同，倪匡的作品充滿獨特的都市風格，巧妙地將科幻與靈異元素融合。他筆下的人物和故事背景與現代都市生活緊密相連，閱讀他的作品時，彷彿置身於虛幻與現實交織的境界，感受兩者既緊密相連又若即若離的奇妙氛圍。這樣的閱讀經驗，培養了我將虛幻的靈異世界與現實生活連結的能力。倪匡的作品啟發了我，將過去研究的靈異現象與現實生活進行更深層的連結與理解。

除了文學作品外，我小時候台灣最風靡的，當屬《軍中鬼話》《校園鬼話》這一系列靈異故事書。當時這類書籍在排行榜上稱霸許久，再加上電視節目的推波助瀾，掀起一股靈異熱潮。相信如果你是一九八〇年代之後出生的，對《玫瑰之夜》中的〈鬼話連篇〉〈神出鬼沒〉這些單元一定印象深刻。也正因為這個節目的影響，進一步帶動了同類型書籍的流行。

靈異背後的產業文化

一九八〇至一九九〇年代，台灣掀起了一股靈異文化風潮，從電視節目到報章媒體，彷彿人人都有靈異故事要訴說，這既反映大眾對神祕的渴求，也揭示了媒體的操弄本質。

這裡有一個有趣的小八卦。成為作家後，我認識了一位在出版界工作了三、四十年的資深編輯，他告訴我一個內幕：當這類書籍盛行時，他們出版社也出版了許多此類作品。他曾經開車載著一位常寫靈異故事的作家，從台北到宜蘭繞了一圈，他只要看看景點、跟當地人聊聊天，就能創作出許多號稱是台灣本土的真人真事靈異故事。另外，我還認識一位公眾人物，他曾經上過知名的靈異電視節目談他的鬼故事，我私底下問他真實性，他告訴我說其實那是瞎掰的，是因為要上節目宣傳曝光，為了迎合節目需求編造出了這樣的「偽真人真事」靈異故事。

回顧成長過程中的這些經歷，我愈來愈能體會，它們是我獨有的思考泉源，滋養著我與眾不同的靈修視野，使我在面對神祕未知時，既能保持開放的心態，又不失理性思考。

我不是無極瑤池金母代言人

翻閱此書的讀者們，我深感有必要再次引述《請問輪迴・無極瑤池金母的28堂生死課》序中的一段話，向所有無論是長期支持的老朋友，或是初次透過這本書認識我的新知，重申一個重要的信念。無極瑤池金母乃至所有神靈，都是超越凡俗、無上且虛空的存在。祂們的智慧好比是浩瀚無垠的海洋，而人類則如同水滴。儘管水滴與海洋本質相通，但水滴終究無法容納整片海洋。當水滴回歸海洋的懷抱，便自然融入那無邊無際的存在之中，超越了形體的局限。即便我此生有幸能夠領受無極瑤池金母的神聖啟示，並透過文字傳遞這些天機玄理，但我始終謹記：我所能汲取的，不過是浩瀚智慧中的一滴甘露。正如水滴縱然想要承載整片海洋，終究只能容納與自身等量的水。因此，我要再次告訴每位讀者：我不是，也永遠不會自稱是無極瑤池金母或任何神靈的代言人。

我希望自己能夠成為連結無極瑤池金母靈性訊息進入此岸的一座橋梁，真心期盼你能心悟神解無極瑤池金母的靈性訊息……在此，我想要特別強調一點。過去，有很多人自稱是神明唯一的代言人、靈媒、通靈人，在這個知識爆炸、每一個人都能透過YouTube、臉書瞬間爆紅的時代裡，我相信這樣的人只會愈來愈多。想要搶當東西方神明代言人的人，在未來的世代將會更多，而我希望大家能夠明白，神明不會只把靈性訊息給予一個人，我也不是台灣唯一無極瑤池金母給予靈性訊息的人。有人說，宇色是無極瑤池金母的弟子，在這裡我必須鄭重澄清：我是祂的追隨者、信仰者，卻不是祂的弟子。凡瞭解真理者都能聽到神明的靈訊，這些訊息不是那些自稱「代言人」的專利品，而是每個人與生俱來、每一世都在了悟的真理。

閱讀之前……

靈魂與鬼靈的觸碰

在你翻開這本書之前，我想先告訴你：這不是一本虛構的靈異小說，而是我以生命與靈魂，真實記錄與鬼靈接觸的經歷。這些事件橫跨我青澀的成長歲月與靈性蛻變的關鍵時刻，曾讓我顫抖、困惑，甚至懷疑眼前所見的一切。每一次的遭遇，不只顛覆了我對世界的認知，更像一場內在的靈魂洗禮。而這些看似離奇的經驗，其實是每一條靈魂在現實生活上演的一場覺醒必修課。

表面看似靈異，實則是內心的映射；看似駭人，卻是靈魂的呼喚。

在這些故事之下，不只蘊藏著「鬼魅」的足跡，更深埋著我們內在那些不敢直視的恐懼、被壓抑的情緒，以及纏繞不休的執念和命運輪迴。靈異經歷並非要帶給人恐慌，而是透過某種超常的形式，提醒我們重新審視人生的意義與自我的真實樣貌。

作為一位親歷過諸多歷史傷痕現場的作者——從納粹集中營、南京大屠殺，到歐洲與日本古老戰場等，許多承載著人類集體悲痛記憶的地方，同時也經歷過無數超自然現象與靈異體驗——我必須先向你提出以下六點提醒：

1.這些故事，皆非虛構。它們可能會喚醒某些……你長久以來選擇遺忘的記憶。請先穩住心神，因為有些門，一旦打開……

2.當你翻開這本書，某種無形的連結已經建立。此刻，你不再只是讀者。每一次心跳加速，每一絲直覺跳動，或許都是來自另一端的回應。

3.若在閱讀中感到不安，別急著闔上書。恐懼背後，隱藏著更深——關於你自己的生命真相。

4.有些頁面會觸動你難以言喻的記憶。當熟悉的壓抑感襲來，請留下來。這種奇異的共鳴不會無緣無故出現……

5.書中的每個字句，都蘊含著我從另一種視角看待世界的方式。若你忽然感知到什麼……請回到內在，尋找平靜。唯有安定的心，才能辨識不被常人察覺的訊息。

6.請務必讀到最後。因為結尾處，等待著的不僅是解答，還有一種可能性……關於你我，關於生死之間那片向來被忽視的領域。

最後

這本書所有的故事，不是要你盲目相信，而是邀請你放下評斷，讓心先於頭腦行動。若你願意放下成見，踏入我曾經歷的靈異現場，或許會發現：所謂的「鬼魅」，往往不是外在存在，而是我們面對未知時，內心未被理解的那部分自己。

願這些故事帶你穿越恐懼，引領你返回內在的光明。當你闔上書，你可能會重新定義「現實」的邊界——並發現，在這條神祕孤獨的路上，你從不孤單。

若閱讀喚起你深藏的靈異往事，或你撞見難解的巧合，請告訴我。你的故事，或許是我下一本書的靈感，也能幫助更多人看見一個更寬廣、更神祕的世界。

獻給所有行走在現實與靈界之間，始終相信人與鬼魅共存的靈魂。

第一章

冥界妖魅：鬼妖魔的幽冥祕道

台灣，這座被稱為福爾摩沙的美麗島嶼，中央山脈如龍脊般橫亙，山巒起伏間雲煙嫋嫋，彷佛仙境再現。層層疊疊的山林地貌在終年雲霧的籠罩下，散發出一種難以言喻的神祕氣息，彷佛隱藏著不為人知的存在。

在這片蒼翠濃密的山林裡，許多古老傳說以耳語流傳。山精野怪、魑魅魍魎，被認為棲息於人跡罕至的幽谷深處。它們未必現身，卻始終潛伏。這些無形的存在，是深植於台灣人集體意識中的靈性印記。一代又一代的記憶與經歷，逐漸在這片土地上織出一幅獨屬台灣的鬼怪地圖。

無極瑤池金母在《請問覺醒：無極瑤池金母密傳靈魂覺醒啟示錄》一書中，對於台灣這片神祕土地有著如此闡述：

台灣是非常特殊的島國，你可能會認為台灣只是一個小小的國家，但從靈界的角度來看，這塊土地聚集著無數靈性極高的靈魂。或許你會認為其他國家的靈媒、通靈人、靈修導師非常多，尤其是西方世界更是如此，但那僅僅只是因為地廣人多。

或許你曾對這片土地的政治、經濟、教育、科技等方面感到失望，甚至對其種種現狀心生不滿，但你可能不知道，台灣擁有許多能與神靈連接的居民，並隱藏著許多與靈界相通的祕境，這些都是其他國家難以見到的奇蹟。

當我們用世俗的眼光審視台灣，常會被表面的政治紛擾、經濟波動所迷惑，甚至因此產生負面印象。然而，這些外在的現象反而掩蓋了台灣最珍貴的靈性資產——在這片土地上，有著數量驚人的靈魂，能夠與更高層次的存在產生深刻共鳴。

＊　＊　＊

台灣不僅是在物質層面繁榮昌盛的寶島，更是一處讓凡夫俗子得以轉化提升、由凡入聖的靈性聖地。在這裡，每一寸土地都蘊含著神聖的能量，每一處山川都訴說著靈性的故事。這裡不僅是人間的寶地，更是靈界與人間交會的神聖十字路口。

台灣這片蒙受天眷的土地，其獨特性更在於它的外型宛如一艘神聖法船，肩負著引領眾生靈魂走向至高靈性境界的神聖使命。正因這般殊勝的地理形貌，台灣孕育了為數眾多的通靈者、靈修者，更匯聚了五教同源的多元信仰，使這片土地成為東方靈性的重要樞紐。

從靈性層面探索台灣這座神聖法船，不僅培育著眾多通靈者與靈修者，更孕育了獨特的精怪文化，展現出台灣在靈界中的另一種特殊面貌。

值得玩味的是，雖然台灣與中國、日本同屬東亞文化圈，但各地的精怪傳說卻呈現出截然不同的面貌。在中國，精怪傳說多與修行成仙或報恩復仇相關，如狐仙、蛇妖等。此外，北方地區還有「五大仙」的信仰，認為狐狸、黃鼠狼、刺蝟、蛇、老鼠能修煉成精，影響人類的吉凶禍福。

日本的妖怪文化則深受神道信仰與民間傳說影響，發展出如「山童」「天狗」「河童」等不同類型的妖怪。此外，日本還有「百鬼夜行」的概念。而台灣除了原住民族的靈獸信仰與山林精靈傳說，「魔神仔」「矮靈族」也廣為人知，它們與日本「神隱」傳說有異曲同工之妙。

從靈修者的視角來看這些山精野怪的存在，反映了人、天地與大自然的微妙關係。在深山中，人往往能感受到大自然流動的能量。特別是在遠離塵囂的靈山聖地，無論是古剎或荒野，都潛藏著某種超然的存在。

當我們放下既定的認知，以更開放的心去感受周遭的一切，會發現所謂的山精野怪正是大自然意識的顯化。它們引導我們在探索內在的同時，也不忘對天地萬物保持敬意與謙遜，學習與大自然各種靈性存有共存。畢竟，無論是尋求心靈平衡，還是踏上更深層的修行之路，最終都離不開與世界的和諧相融。

山靈密境：魔神仔遺蹤錄

台灣早期的農村與山區，流傳著詭譎而神祕的失蹤傳說。當事人往往在毫無預警的情況下，在山野間迷失蹤跡，彷彿被某種無形的力量帶走。當他們被尋回時，部分人會描述，在失蹤的日子裡，有「人」領著他們在山中穿行，提供食物與庇護；然而，也有人對整段經歷一無所知，失蹤期間的記憶就像被完全抹去。更為離奇的是，有些人最終被發現時，已經陳屍於人跡罕至之地，甚至再也無法歸來，從人世間憑空消失。

然而，也有一些人雖然成功被尋回，卻帶著難以解釋的異狀——搜救人員曾多次在失蹤者附近搜尋，卻未能發現任何蹤跡，就像雙方處於不同的時空維度無法交會。這些倖存者往往出現精神恍惚與暫時性失憶的情況，而在失蹤的日子裡，他們竟能徒步橫越險峻山脈，出現在人類難以涉足的深山密林、峭壁絕境或狹窄幽暗的山洞中。這一切，究竟是幻覺？還是來自未知世界的召喚？

不僅如此，被尋回的人還時常提到，失蹤期間有人餵食他們，讓他們免於飢餓。當家人、救援者找到他們時，赫然發現他們嘴裡咬著的、手中抓的，竟然是糞便、昆蟲或泥土。從科學角度來看，精神科醫師將這類現象歸因於癲癇、妄想或老年癡呆等疾病。然而，這樣的解釋似乎無法完全說明某些特殊現象，比如年幼孩童是如何穿越險峻山路，又或是如何去到常人無法到達的地方。當我們習慣性地將所有超凡現象都歸因於個體的病理狀態時，實際上是在關閉靈魂的感知之門，切斷人類與大我的神聖連結，也拒絕了大自然透過隱祕法則傳遞給我們的宇宙訊息。這樣的思維模式，無異於將所有責任都推給當事人——千錯萬錯都是你一個人的錯。

早年民間流傳著一種難以解釋的神祕失蹤現象，深植在人們記憶中，被稱為「被魔神仔摸走」，簡稱「被摸走」。魔神仔是個既熟悉又神祕的存在，這類現象不只出現在台灣，整個東亞文化圈也有類似的傳說，反映出人們對未知力量的共同想像。大多數人聽到「魔」字，會聯想到邪門的鬼怪，覺得這種存在會誘惑或傷害人。不過也有一種說法認為，「魔」其實是從閩南語的「摸」（mō）來的，意思不只是觸摸，還包含讓人迷路、恍神、著迷的意思。這種被魔神仔「帶走」的經歷，在台灣各地其實不少人都碰過。很多目擊者的描述驚人地相似，讓這個民間傳說顯得特別真實。根據一些資料記載，魔神仔的傳說不只出現在山裡，像海邊、河邊、甘蔗田或芒草叢這些遠離人群的地方，也常有人遇到類似經驗。這些故事反映出，人和看不見的存在，其實從來沒有真正分開過——我們一直生活在現實和幽冥的交界，只是平常沒察覺而已。

這也讓人重新定義魔神仔——它可能不是傳統印象裡那種純粹邪惡的妖怪，而是一股神祕、難以掌握的力量。它遊走在真實和虛無之間，悄悄影響人的心智，讓人失去方向、心神不定，就像是突然陷入一層看不見的迷霧，短暫地脫離現實世界。這樣來看，魔神仔更像是一種精神干擾或能量場，而不是具體的妖魔鬼怪。用這樣的角度來看，那些說不清楚的怪事，也許就比較能理解了。

真實見聞與民間傳說

千萬別以為從前住在鄉下或山裡的人過得純樸又悠閒——那只是現代人習慣燈火通明後的浪漫想像。在沒有電的年代，一進入冬天，四、五點天就全黑了，連路燈都不見得有。一旦夜幕降臨，整個村莊就像被黑幕籠罩，四周死寂得令人窒息，只有陰冷的風聲、樹葉詭異的沙沙聲，還有不知從何處傳來的詭祕聲響，以及腦中揮之不去的傳說——祖輩口中流傳的靈異故事、鄉野怪談、山精鬼魅，彷彿全都躲在黑暗中窺視你。別說悠閒，根本是天天提心吊膽，不知道什麼時候就會「撞見什麼」。

那時候，父母常以靈異故事和魔神仔來警告孩子不要亂跑，這並非空穴來風，因為當時確實流傳著山林中有魔神仔與各種妖魅出沒的傳聞。大人們總是語帶恐嚇地叮囑：「出去玩要小心魔神仔喔！」而我第一次聽見「魔神仔」這個詞，正來自我的母親。

因為爺爺奶奶在山上務農，小時候我和哥哥每週都會跟著爸爸上山幫忙。母親總是不厭其煩地叮嚀：「上山時一定要緊跟著大人，不能單獨行動。」她說，山裡魔神仔多，會專門帶走小孩，還會餵他們吃蚱蜢、昆蟲，甚至糞便。母親從小住在雲林北港海邊，耳聞不少關於魔神仔的傳說。她提到，村裡曾有鄰居離奇失蹤，回來時渾身泥沙、神情呆滯，像是換了一個人。當大家追問經過，他只記得「有人」領著他到某個地方，給他「好吃的東西」，然而，實際吃下的竟是沙子和昆蟲。這樣的故事，讓大人們對魔神仔的存在深信不疑。母親回憶道，這或許與早年鄉村環境髒亂有關。在她口中，所謂的「髒」，並非指環境骯髒，而是當時村莊周圍盡是亂葬崗、破敗舊屋、未開墾的荒地，甚至還有與民居比鄰的屠宰場，瀰漫著血腥與腐敗的氣息。那些遠離人煙、不屬於生活範圍的角落，總讓人感到陰森詭異，也許正是這樣的環境，孕育了魔神仔的傳說。

這種說法代代相傳，成為教育子女的一種方式。傳說魔神仔最愛捉弄無人看顧的孩子，悄然帶走他們，消失於陰暗中。當時的家長心生恐懼，總叮囑孩子，若無大人陪伴，切勿獨自外出，因為一旦失去守護，便可能被魔神仔帶走。因此，無論是在山林還是海邊，只要是人煙稀少的地方，就容易有魔神仔出沒。由此可見，這些靈異事件的發生，或許與當時的環境混亂、自然與人類生活的交融有關，也反映了當時人們對未知的恐懼與警戒。

說到早期環境混亂導致的靈異現象，我的母親和阿姨都曾親身經歷過難以解釋的事。不管是阿姨年輕住在竹林工廠宿舍的故事，以及母親在北港鄉間遇到的怪事（這些故事我會在後面詳細說明），都印證了在那個年代，人與靈界的界線似乎特別模糊與重疊。或許正是因為當時的環境，讓這些超自然的異象更容易發生。

世界遊走於虛幻與真實之間，而人，則在清醒與迷失之中穿梭。

每一次迷失，都是從現實滑入幻境；

每一次回神，則是意識的轉化與重構。

若不識破這層幻象，便無法看見世界的真貌，

唯有洞悉這一切，方能不再為迷霧所擾，走出虛妄的輪迴。

魔神仔與竹林

魔神仔之所以令人心生畏懼，不僅因為它能讓人消失無蹤，更在於那些被牽引之人——無論生死——總是被發現在超乎常理的地方。而竹林，正是這些詭異現象最神祕莫測的去處。竹林一向是難以穿越的險地。筆直竄升的竹子高達數層樓，密密麻麻的刺竹交錯成天然屏障，地面堆滿厚重的枯葉，底下更是盤根錯節，暗藏著難以預測的隱祕通道。別說深入其中，光是要踏進去都十分困難。然而那些消失的人卻像幽靈般潛入竹叢深處，更令人費解的是，當他們被尋獲時，衣服和皮膚竟毫無損傷。這些人常在數公里外的洞窟

被尋獲，那是連經驗豐富的山民都難以抵達的地方。

竹林與一般林地截然不同，一踏入其中，空氣便如凝固般沉悶。山風吹過，竹節偶爾發出輕響，聽起來格外陰森。頭頂上的竹枝層層交織，遮住了所有陽光，四周籠罩在一片幽暗中。地面又濕又滑，到處是青苔和糾結的竹根，每一步都踩在詭譎難測的地方。即使在大白天，竹林依然透著一種說不出的詭異感——好像闖進了某個不該涉足的禁地。也許正因如此，才讓許多人深信，竹林深處是魔神仔最常出沒的地方。

台灣民間流傳著一個關於竹林的驚悚傳說：入夜後的竹林是魔神仔的棲息地，晚歸的人寧可繞遠路也要避開。若不得已必須經過，絕對要避開橫躺在路中的竹子。老一輩相傳，這些倒竹上棲息著魔神仔，一旦有人不慎跨過，魔神仔就會躍開，讓竹子打向路人，使其暈厥後被擄走。

若你從小住在鄉村或山林，或許曾聽過一個流傳已久的說法——在竹林深處，棲息著一種靈體，它們被稱為「竹仔鬼」，也叫「竹篙鬼」。這種鬼魂的形體瘦長如竹，專門出沒在濃密竹林或小路邊。傳說它們最喜歡在午夜過後、烏雲密布、陰氣沉重的時刻現身。它們會將竹子悄悄壓低，設下陷阱；若有路人不察，直接跨越，竹子便會在瞬間彈起，重者受傷，甚至有人因此被拋飛至空中。若真的必須通過，民間相傳要向竹仔鬼誠心解釋：「對不起，我真的別無選擇，請你多包涵。」如此一來便能平安通過。不過，像竹仔鬼這樣主動設陷的情況畢竟是少數。絕大部分的山間鬼靈從不主動為惡，只是不願他人侵犯自己的領域。我相信，很多時候祖輩世代相傳的「靈異事件」，其實只是它們對我們無禮與無知的一種提醒。

可是，在夜深人靜時分，當你獨自走過幽暗的竹林小徑，你會明白「竹仔鬼」絕對不只是民間傳說。

我小時候，爺爺奶奶住在山上，方圓五百里內杳無人煙，我常在傍晚或早晨跟著父親和伯父上山採竹筍。山路蜿蜒，林深草密，途中經常會見到一整根橫倒在路中的竹子，有時還有雜草密密覆蓋著小徑。但他們從不跨越，而是拿起砍柴刀，將那些橫擋的竹子和草叢一一砍斷、清開，再繼續前行。

有一次我問父親：「為什麼不直接走過去？」

他只是淡淡地說：「你不知道，那些草裡面有沒有躲著什麼……」

在老一輩人的觀念裡，那些你看不見的靈，最喜歡藏在草叢與竹林邊的陰影裡。若不留心踩了過去，不只是對大自然的不敬，也可能驚動竹仔鬼。

據說遇上它並非無解，老一輩人傳下兩種保命絕招，至今仍在山區流傳。

第一種做法，若是在林中碰見竹仔鬼，應立刻蹲下，切勿慌張。以腳趾撥動地上的草，再用手一小段一小段地將草拋灑出去。據說這樣做，竹仔鬼的身影就會逐漸縮小，直至煙消雲散。

第二種方法，是燃煙驅鬼。若手中有香煙，或能就地取材，用雜草簡單綁束後點燃，讓煙霧熏入林間。竹仔鬼畏煙，自會退散。

或如我父親和伯父就從不直接跨過橫倒在路中的竹枝與草叢，而是拿起砍柴刀一一清開。

山中異物雖然駭人，但自有應對之道。真若不幸遇見，切記不可驚慌失措，更不能亂了分寸四處逃竄。只要牢記世代流傳的古老規矩，心存敬畏而不心懷恐懼，便能全身而退。魔神仔與山林鬼怪的傳說，看似靈異，實則是一種古老的提醒——老一輩人透過這些一代傳承一代的行為來教會我們：**敬畏天地，也敬重潛伏於草間竹影的鬼魅魍魎。彼此雖心照不宣，卻各自恪守彼此的神聖秩序。**

有人確實親眼見過魔神仔

或許你會認為，魔神仔不過是用來嚇唬孩子的民間故事，或是精神異常者的幻覺。然而，有過親身經歷的人，雖多為孩童與長者，卻無一不是神智清明、身心正常，他們的敘述一致。其中甚至有人在光天化日、神志清醒之下，親眼目睹魔神仔現身。林美容教授在《魔神仔的人類學想像》一書中，記載了兩段真人真事，描述人們親眼目睹魔神仔樣貌的經歷……

有位老人的母親，在日本統治時期曾親眼見過魔神仔。

那天午後，天色陰沉，厚重的雲層壓得很低，風裡夾著一股說不出的悶濕氣味。她像往常一樣，抱著一盆衣服，獨自走到村子後方那條雜草叢生的河岸邊洗衣服。當時水面黯淡無光，連鳥鳴聲都沒有。她剛從木製臉盆裡取出衣服，彎腰開始搓洗。忽然，她的餘光似乎瞥見了什麼東西。她微微一愣，視線慢慢轉過去——她看見那只木臉盆上，不知何時多出了一個東西。一個身形矮小、像孩童般的生物，卻滿臉皺紋，皮膚泛著濁濁的綠灰色，最駭人的是，那雙死白的眼珠毫無焦距，卻牢牢地盯著她，一動不動。她甚至來不及驚叫，只覺頭皮發麻、雙手發抖，下一秒便拚命朝它撥水——但那東西仍舊靜靜蹲在臉盆裡，紋絲不動。

她當時極度害怕，衣服也顧不得拿，便急忙朝村子的方向大聲呼救。幾位正在附近田裡工作的村民聽見喊聲，立刻趕來。就在那一瞬間，那「人」一溜煙地竄入河水中，轉眼便消失得無影無蹤。事後她回憶，那「人」全身無毛，皮膚濕滑，帶著灰綠色的光澤，小小的身軀不像人類孩童。最令人畏懼的，是那張皺縮、幾乎扭曲的老人臉孔。從她的描述來看——你腦海中是否也和我一樣，浮現了那個來自日本傳說中、看起來「有點可愛」、愛吃小黃瓜、頂上無毛的河童呢？

＊　＊　＊

另一個驚悚的目擊事件，發生在彰化溪州，是一位阿伯親口講述，發生在日治時期的真實經歷。當時他年約十三、十四歲，和許多那個年代的孩子一樣，除了上學，大部分時間都在糖廠幫忙割甘蔗貼補家用。那一天，收割的面積特別大，他的進度較慢，一直忙到傍晚五、六點才結束。夕陽早已西沉，黑幕迅速降臨。他獨自走在甘蔗田間逐漸昏暗的小徑上，準備返家。走著走著，忽然在前方約莫十來公尺的地方，看見一個小孩的身影，正蹲坐在甘蔗叢中央那塊被蔗葉包圍的幽暗地面上。它的雙手在地上不停地抓挖，動作像是在吞食泥土或雜草。他停下腳步，正好奇是誰家小孩時，那小孩似乎察覺到後面有人靠近，緩緩地轉過頭來——他永遠忘不了那一幕：映入眼簾的是一張布滿深深皺褶的老人臉，兩眼深深凹陷，皮膚灰暗得不像活人。阿伯特別強調：「我絕對沒有看錯，那不是鬼，也不是眼花，那是一個活生生、實實在在的人。我看得非常清楚！」

這兩起驚悚目擊，不約而同指出魔神仔的共同特徵：外表像小孩，卻有一張皺巴巴、令人起雞皮疙瘩的老人臉。像這樣的目擊，在台灣其實並不少見——無論是河邊、田裡，還是山路上，總有人撞見那詭異的身影。更巧合的是，人們所描述的魔神仔，與日本傳說中的河童極為相似，且多半出沒於近水之地。不少田野文獻也推測，魔神仔可能就是台灣版的河童，是棲息於山林的精怪之一。

大家可能會好奇河童跟魔神仔有沒有關係。從以上真實的目擊案例來看，兩者確實有相似之處——都會在水邊出現，都有著孩童身軀以及老人面孔的特徵。不過，魔神仔的出沒範圍似乎比河童更廣，不只在河邊，田間、山路都可能遇見。就我個人的理解，以及從無極瑤池金母在本章節【如是說】的教導中體悟，魔神仔和河童雖然都屬於山妖鬼怪的範疇，但河童並不是台灣傳統定義下的魔神仔。兩者雖有相似之處，本質上仍屬不同體系的精怪。

根據地方傳說和一些研究紀錄，魔神仔的樣貌其實有好幾種。除了長得像日本的河童，真正讓人心底發毛的，則是另一種——紅衣魔神仔。這種魔神仔外型詭異，傳說在不少偏遠村落都出現過。老人們記得，它常在黃昏出現，穿著朱紅色的衣褲，頭戴紅帽，身形小小的，像個孩子，卻有一張乾皺得像枯果皮的老人臉。看過的人都說，那張臉讓人不寒而慄。遇見它的村民會不由自主地離開村莊，獨自走向深山，結束生命。據那些幸運回來的村民說，那「女孩」出現時，那雙眼睛怪得說不上來，但你就是忍不住想跟著它走。身後明明有人在大聲喊你，你也聽見了，卻完全無法反應，只覺得自己非往山上去不可。最後，他們甚至爬上樹，結束一切——全程沒有掙扎，沒有停下的念頭，像是被什麼拉走了魂。

台灣迷惑人心的魔神仔

魔神仔看似只是老一輩的傳說，但其實它們根本沒消失——只是換了副樣子，藏在我們身邊。彰化這件真人真事，就證明魔神仔還在，就在某處靜靜地盯著你我。

彰化社口村有個七十多歲的阿嬤，某天早上像平常一樣出門，結果就這樣不見了。她沒留下半句話，也沒人看到她最後去哪。家人嚇壞了趕緊報警，警察按著阿嬤平時走的路找遍全村和附近山路，卻什麼都沒找到。阿嬤年紀那麼大，走路又慢，照理說不可能走太遠，而且她也沒帶手機。一天天過去，連一樣她的東西都找不到，這整個失蹤案變得越來越奇怪。警方開始懷疑是不是找錯方向，但線索全斷了，只能暫停搜索。

過了十多天，事情突然有了轉機。在另一個鄉鎮芬園村，有個村民經過自家後面的荔枝園，意外發現了一條從來沒見過的小路。那是條通往樹林深處的窄路，兩邊的雜草被踩得歪七扭八，好像最近才有人走過。這位村民呆住了。他從小在這裡長大，幾乎每棵樹都認識，他可以肯定，以前絕對沒有這條小路。這路是從哪冒出來的？為什麼突然就出現了？

順著小路走進去，村民在路的盡頭找到了失蹤多天的阿嬤。她當時虛弱地躺在地上，眼神茫然，卻問了一句讓人起滿雞皮疙瘩的話：「我是不是死了？」從阿嬤住的社口村到發現她的芬園村，路不只陡峭難走，沿路還雜草叢生、荊棘滿地，路又彎彎曲曲難認方向。連年輕力壯的村民都難以走完這條路，更別說年紀大、體力弱的阿嬤了。這麼難走的地形，讓阿嬤神祕出現的事更加詭異，村民們懷疑是「魔神仔」把她帶到那裡的。

阿嬤送醫後，村民再回到找到她的地方，赫然發現那邊的草堆竟然被人整理過，草堆後面的樹叢間還有個像入口一樣的洞。順著洞口往裡走，看到的是一片平平的草地，大樹密密遮住天空，地上擺著五根用藤蔓交叉綁起來的樹枝，像是某種看不懂的訊息。更讓人摸不著頭腦的是，醫護人員檢查後發現，阿嬤失蹤這十多天竟然完全沒有受傷或脫水的跡象，身上也沒有蚊蟲叮咬的痕跡。事後，阿嬤說她對這段經歷記憶模糊，只記得自己被一股看不見的力量牽著走進山林。雖然沒吃沒喝，但她不覺得餓，也不覺得累，身體好像被某種無形的存在支撐著。

從醫學角度或許能用各種專業術語解釋，但不管理論多完整，都掩蓋不了一個事實：人類真正懂的只是冰山一角，真正解釋不了的東西還多得很。阿嬤發生的這些說不清道不明的事，可能不只是個案，而是理性世界之外，另一個世界想要傳達給我們的線索。

泰國版魔神仔

幾乎每個文化的神話裡，都流傳著許多未解之謎。台灣有「魔神仔」，泰國則有叢林精怪。聽說它們會引人進入叢林，讓人迷路、頭腦昏沉，甚至短暫消失。等清醒過來，人已經不知道在哪了。而我一位念研究所的泰國學長親身經歷的事，讓這些看起來像是虛假的傳說，活生生出現在現實。

那次是我讀研究所時，代表學校去泰國參加佛學交流時發生的。中午吃飯時，大家邊吃邊聊天。我隨口問了學長：「我常在 YouTube 上看到有人分享泰國的靈異故事，你有遇過什麼特別的嗎？」本來只是想找話題聊，沒想到他一臉認真地說：「有，我小時候真的碰過一次，到現在都還記得那個畫面。」說完，他臉上浮現一種詭異的表情。

這件事發生在他小時候，那年暑假，他去住偏遠鄉下的奶奶家。那是棟老式泰國木造房子，屋梁裸露在室內，就是大家常見的泰國傳統高腳屋。那晚特別安靜，安靜到有點不對勁，連蟲叫蛙鳴都沒有，好像整個村莊都屏住呼吸。他躺在床上，悶熱得睡不著，汗水濕透了背，心裡莫名煩躁。他正翻了個身，突然，屋梁上傳來「刷——刷——」的聲音，像是什麼大翅膀在拍動。聲音又低又慢，每一下都像打在他心口，空氣瀰漫著說不出的震動感，像遠方雷聲，卻更黏、更悶。

他全身僵住，不敢動。接著，頭頂上方再度傳來聲響——像是什麼東西重重地踩在屋梁上，一步一步移動。每一步都踩進他耳朵裡，又重又怪，但節奏很規律。不久，那東西停了下來，一動也不動，就在他正上方。它好像在觀察他，就算隔著黑暗和寂靜，他也能感覺到：它知道屋裡有個孩子還醒著，瞪著眼，屏住呼吸，動也不敢動。一開始，他以為那只是某種不知名的大鳥。聲音漸漸平息後，他鼓起勇氣，偷偷抬頭看向屋梁。沒想到看到的景象，讓他瞬間渾身發冷——屋梁上，站著一個比大人還高的「人形生物」。

他的眼睛慢慢適應黑暗，看得越來越清楚——那東西背後有一對大翅膀，翼膜在透進窗外的月光下，泛著一種怪異的冷光。它的腳像猛禽一樣滿是粗糙鱗片，尖銳的爪子深深勾進木梁裡，不像是站著，而是牢牢地「抓」在那上面。他嚇得一動也不敢動，害怕發出一點聲音。但下一秒，那怪物像是察覺到他的視線，慢慢地低下頭——一雙血紅的眼睛，面無表情地直直盯著他。他整個人當場嚇傻了，然後本能地猛地鑽進棉被裡，全身發抖，連呼吸都不敢太大聲，只能在心裡一直祈禱，求天快點亮。他不知道那個「人形生物」在屋梁上待了多久，只記得後來又聽到那熟悉的「刷——刷——」翅膀聲，那東西飛走了。聲音越來越遠，黑夜又回到死一般的寂靜。

學長說到這裡，語氣還是很嚴肅。他特別強調，那一晚他絕對清醒，整件事不是夢，也不是幻覺——他記得一清二楚，從聲音、樣子到那雙血紅的眼睛，全都記得清清楚楚。我問他：「你覺得那是什麼？」他二話不說地回答：「是『加薩』（Krahang, กระหัง）——泰國傳說中的妖怪。」在泰國民間傳說裡，加薩是一種晚上會飛的妖怪。它通常長得像男人，但背上有翅膀，腳像鳥爪一樣尖銳，據說是有些修行人或巫師用禁忌法術修煉後變成的。這種妖怪喜歡飛到屋頂或房子附近嚇人，有時還會攻擊人。在泰國鄉下，不少人稱曾親眼見過它。

* * *

不管是台灣的魔神仔，還是泰國的妖怪傳說，這些流傳幾千年的故事，可能不只是單純的民間傳說。就算其中有被誇張、加油添醋的部分，也不能否認——一定曾有人親眼看過、親身經歷過，才會讓這些故事一代一代傳下來。

就以我學長的經歷來說，當我聽完他的故事之後，更加確信這些流傳於民間的鬼怪絕非憑空杜撰，也不是以訛傳訛的謠言——畢竟世界這麼大，什麼怪事都有。看起來荒誕的記載，未必是憑空想像出來的。當一個人真的遇上無法用常理解釋的事，那種從心底冒出的恐懼和震撼，往往才是最真實、最有力的證明。或許你也可以用這種角度來看待民間傳說中的妖魔鬼怪與都市傳說，不要一概而論地認為它們都是虛構的幻想。當這麼多人、這麼多地方都有類似的經歷和描述時，也許該問的不是「它們是否真實」，而是自問：「我們對於鬼怪的認識，是否太過狹隘與封閉？」

馬來西亞叢林的魔神幻影

讓我們將故事轉向那片濕重而沉默的土地——位於泰國南方的馬來西亞。

這個國土廣達三十三萬平方公里的國家，人口卻僅有三千三百萬。城市之外，是被潮濕雨林與原始山嶺長年吞噬的大地。那裡藤蔓盤繞、樹冠如蓋，陽光難以穿透。在這層層幽暗、終年不見天日的密林深處，潛伏著一些難以名狀的存在——它們沉靜地伺機而動，悄然注視著每一位誤入其境的闖客。

一名年輕的華人貨運司機臨時接到緊急任務，必須連夜從吉打州亞羅士打出發，趕赴東部高原城市——彭亨州的金馬崙高原，在天亮前將貨物準時送達倉庫。這段路程長達六到八小時，途中得翻越東西高原山脈，穿行蜿蜒曲折的山路與濃密雨林，沿途盡是荒僻的原始道路與無人山區，幾乎見不到人煙。為求安全，公司特地指派一名馬來人助理隨行陪同。

起初的幾個小時，兩人還能勉強聊上幾句。但隨著夜色如濃墨般緩緩降臨，吞沒車窗外的一切，對話也逐漸變少，最後完全消失。山路開始變得崎嶇難行，兩側的熱帶雨林如黑色巨牆般聳立，樹冠層層交疊。前無車，後無燈，四周無聲。彷彿整個世界只剩下這輛孤獨的貨車，在黑暗中緩緩滑行，無聲穿越未知的幽境。

當行至最偏僻、最陰沉的一段山路時，助理表示想要下車尿尿。畢竟開了好幾個小時，是該停下來舒緩一下了。車子在路邊停下，助理迅速下車，身影一下子就被黑暗吞沒。司機還沒看清他往哪個方向走，對方就已不見蹤影。

他下車靠在車旁，點了根菸，深吸一口夜裡的濕氣，準備也去解放。就在這時，眼角餘光瞥見前方大約十公尺處，光線幾乎照不到的地方，有個模糊的身影在樹林邊緣晃動著，像在等候什麼似的。

他喊了助理的名字，卻沒有回應。他以為對方沒聽見，於是往那身影的方向走去。畢竟在這樣伸手不見五指的黑夜裡，有人陪總比自己一個人來得安心。但當他越走越近，心裡的不安逐漸蔓延開來。

當他走到距離那東西僅剩三公尺時，腳步猛然停住。在微弱的星光下，司機看清了那個東西的模樣。那個「人」的輪廓漸漸清晰了，它有著類似人類的身材，但全身覆蓋著粗糙的毛髮。它的臉是介於人類與靈長類動物之間的詭異混合體，五官的比例完全錯誤，眼睛過大，嘴巴過寬，而且那雙眼睛，在黑暗中閃爍著一種不屬於任何生物的光芒。

更恐怖的是，它竟然對著司機露出令人毛骨悚然的笑容。

司機的雙腿開始顫抖，他想逃跑，卻覺得雙腿像灌了鉛一樣沉重；他想呼喊，卻發現喉嚨像被什麼東西緊緊掐住，發不出聲音。就在這時，身後突然傳來聲音，司機猛地回頭，只見助理正站在貨車旁，揮著手叫他趕緊回去。這怎麼可能？剛剛他明明看到助理在前面……「快點！」助理的聲音帶著急切與驚恐，「我們必須立刻離開這裡，不然會來不及！」司機用盡全力跑向貨車，完全不敢回頭。

上車後，司機以最快的速度駛離了那個地方。直到重新駛上有路燈的道路，兩人才終於敢開口談論剛才發生的事。

「你看到什麼？」司機顫著聲音打破寂靜。助理神情凝重，緩緩說道：「我上完廁所，準備回車上時，看到你站在那裡，好像正對著一個小孩子說話。」他說著，不時瞥向後照鏡，語氣也壓得更低了：「老實講，我們開進山路都快一個多小時了，沿路沒半戶人家，連一台車都沒見過。正常情況下，那麼小的孩子不可能會一個人出現在那種地方。」助理咽了口口水，聲音幾乎低到耳語：「我當下就知道，那不是人，所以才趕快叫你回來。」司機聽完後，才慢慢把他剛才所見的一切，一五一十地說了出來。

那麼，他們到底遇到了什麼？

我深信，在馬來西亞那片廣袤無垠的熱帶雨林深處，在至今仍保持著洪荒面貌的土地上，潛伏著某些比人類文明更古老的存在。它們掌握著幻化之術，能夠隨心所欲地在不同的人面前變換形貌。這就是馬來西亞的魔神仔——而在人類足跡永遠無法觸及的黑暗角落，也許還有更多這樣的存在，正耐心地等待下一個迷失在午夜中的獵物。

車頂上的窺視者

第二個故事的主角，是一位當時就讀小學三、四年級的男孩。

那天清晨，他的父母開著一台空間寬敞、類似露營車的高大車輛，載著他前往山區深處的一座宮廟，準備向神明還願拜拜。在馬來西亞的華人社會中，至今仍保留與台灣相似的民間信仰傳統——當願望實現或平安度過難關後，許多人會前往宮廟還願，向神明表達感謝，祈求繼續庇佑。

山路漫長又蜿蜒，那日晨霧濃重，層層覆蓋在車窗之外。車子一路在山林中穿行，蜿蜒的道路彷彿永無止境。直到遠方終於出現微弱的燈火，那熟悉的紅光象徵著廟宇就在前方。但當他們抵達時，眼前的景象卻讓人心頭一沉：整座廟宇外早已擠滿還願人潮，隊伍如潮水般繞過大殿，許多人已等上一、兩個小時，卻仍不見盡頭。

「你太累了，先回車上睡覺吧。」父親輕聲說道，「我們可能還要等很久。」小男孩原本還執意想親眼看看拜拜還願的過程，但睏意實在湧得太猛，只好點點頭，跟著父親走回停在不遠處的車子。

父親安撫了他幾句，替他蓋好毯子後，便又折返廟宇繼續排隊。疲憊如潮水般襲來，小男孩幾乎在父親離開的瞬間就沉沉睡去。

不知過了多久，他從睡夢中醒來。下意識地坐起身，想要透過前擋風玻璃尋找父母的身影。廟宇的燈火在前方閃爍，但父母卻不見蹤影。

他正準備下車尋找父母，卻在那一瞬間，一股莫名的恐懼感如冰水般從頭頂澆下，瞬間籠罩全身。這種恐懼沒有來源，也沒有理由。車內空無一人，附近一片死寂，但那種「被注視著」的感覺卻強烈得驚人，幾乎讓人喘不過氣來。晨霧濃重如幕，四周的霧氣彷彿活了過來，無聲無息地向他逼近。

他決定留在車上等待父母歸來。

就在這時，後擋風玻璃上出現了一個影子。一個人影從車頂垂下，倒掛在車子上方，正透過玻璃往車內凝視。在這昏暗的晨霧中，他看不清那個人的面容，但從身形判斷似乎是個小孩子。那人保持著詭異的姿勢，雙手做出望遠鏡的手勢，正專注地「觀察」著他。

小男孩正困惑時，倒掛的身影突然開口了：「我看見你了。」那聲音尖銳得像猴子的叫聲，讓他全身汗毛豎立，血液幾乎凝固。小男孩嚇得魂飛魄散，立刻躲到座椅後面，蜷縮成一團。恐懼和睏意交織著，他再次失去了意識。

當他醒來時，父母已經回到車邊。但那個倒掛的小男孩卻消失得無影無蹤，彷彿從未存在過。

小男孩不敢向父母提起這件事，但那個詭異的遭遇在他心中留下了無法磨滅的疑問：

首先，如果真有人爬上車頂，車子應該會震動或下沉，但他從始至終都沒有感受到任何異常。

其次，一個正常的孩子怎麼可能長時間倒掛而不會腦充血？那種姿勢對任何人類來說都不可能維持。

最後，這輛露營車的高度連成年人都難以攀爬，一個小孩如何無聲無息地爬上去？

為什麼我判斷這不是鬼魂亡靈？而是山中的魔神仔？

第一，它們最常幻化成小孩子的模樣，這幾乎是它們最習慣、也最擅長的偽裝。年幼無害的外表，往往最容易讓人卸下戒心。

第二，魔神仔天性狡黠而調皮，喜歡捉弄人類，尤其是毫無防備的對象。雖然它們通常不會直接傷人，但看似無害的惡作劇，反而更容易讓人陷入驚慌與混亂。

第三，魔神仔帶有某種扭曲詭異的童心，特別喜歡以各種方式讓孩子感到恐懼。它們似乎能從孩子的驚嚇與脆弱中，獲得某種病態的滿足。

與魔神仔相似的中國山魈

在早期的中國沿海地區，流傳著家喻戶曉卻令人忌諱莫深的山魑野魅——山魈。古書記載，山魈會在偏遠山區出現，專門迷惑迷路的人。它可能變成友善的老人，或是看起來無害的小孩，引人往深山走，讓人找不到出路。這些特點跟台灣的「魔神仔」很像，據傳聞，山魈可能隨著早期移民的腳步，一起被帶到台灣來了。

山魈之所以被大家注意，是因為從宋代開始，很多文獻就一直記載它們搗亂、騷擾人的事。有些記載說，它會在晚上跑出來嚇人，變換外形、丟石頭、搞亂家畜。當時不只老百姓害怕，連和尚、道士也得想辦法對付。像《道法會元》就記錄了很多專門對付山魈的符咒，例如「治山魈符」「治鬼魈符」「治飛魈符」「治水魈符」「治精魈符」等。施法時，要用朱砂在鐵板上畫符，再釘在山魈出沒的地方，還要配合念咒語，才能壓制住它們。另外，《上清天心正法》也寫了「追治山魈」的整套方法。

而且有學者指出，山魈很可能就是後來「五通神」信仰的來源。五通神是中國民間很靈驗的地方神明，據說祂們的能力就是從山魈來的，因為山魈在古時候曾經被人拜過，所以後來才慢慢變成五通神。所以我們可以理解，山裡的妖精或鬼魅，如果長期被人祭拜和信仰，日積月累下來，是有可能因為這些心願和香火的加持，而變成當地的山神，甚至被奉為道觀或廟裡的神明。這說明了，人心的信念力量確實能影響看不見的世界，也能讓某些靈體因為大家的膜拜而「升級」。

但魔神仔就不一樣了，它從來沒被拜過，也沒有正式進入民間的神明系統。它們能力不強、脾氣又壞，還活躍在山林裡，沒有像山魈那樣被人「收編」，所以也比較難像五通神那樣受到尊敬。這些資料都表明，山魈在古人眼中不是編出來的怪物，而是一種真實存在、會造成麻煩、甚至被當作「某種信仰」的存在。

日本神隱與台灣魔神仔的共同恐懼

讓我們將焦點從中國轉向日本。當你走進日本深山，會發現它與台灣有許多相似之處——都是四面環海、霧氣濃重、林木參天的島國。這樣的地貌孕育出各種令人不寒而慄的靈異傳說。

在日本古代，村民多散居於鄉野或是依山而居。每當夜幕低垂，這些山區都籠罩著一股說不出的詭異氣氛。在這片與靈界緊密相連的土地上，人們與那些未知的存在共處著。尤其某些山腳偏僻的林道或人煙罕至的郊區，常年流傳著行人離奇失蹤的傳聞，例如山裡頭住著一些「看不到的東西」。根據耆老描述，每隔幾年就會有人在這片蒼翠幽深的林間憑空消失。更詭異的是，這些失蹤者總是在獨自一人走入林中時，就悄然無聲地消失了。沒有掙扎痕跡，沒有鞋印，沒有行李或衣物留下，也從未找回任何屍體——就這樣人間蒸發，再也沒有回來。

這就是「神隱」。

這類離奇事件，讓人不禁聯想到台灣的魔神仔。根據日本民俗學家柳田國男的研究，

「神隱」事件特別喜歡找上小孩。每當這種事情發生，村民便依循老一輩流傳的方法——敲鑼打鼓、大聲呼喊名字、放鞭炮，試圖趕走那些看不見的存在，好讓被帶走的村民能回來。

日本和台灣雖隔著一片海，卻都流傳著極度相似的山林鬼怪傳說。也許，正是這些被無盡海洋環繞的島嶼，以及那些終年不見天日的幽暗山林，創造出許多與人世若即若離的空間。每一處偏僻山徑與荒廢房舍，都可能暗藏著不可見的存在。

提到「神隱」，宮崎駿迷往往立刻聯想到《神隱少女》。這部表面上是奇幻動畫，其實潛藏著日本遠古至今的集體潛意識。在創作過程中，宮崎駿或許並未刻意設計，但他卻無意識地將日本對「神隱」現象的集體恐懼與想像，具象化地呈現在畫面裡。

千尋一家開車經過隧道，在出口看到一個奇怪的石敢當。這個避邪的石像正是標示出現實世界和靈界那既存在又不可見的交界。過了石敢當，他們看到一棟廢棄房子，裡面有滿桌的美食。千尋父母不聽勸告吃了那些食物，結果變成豬，這正是鬼怪用食物引誘人類永留靈界的古老手法。

吃了靈界的東西，就等於放棄了人的身分——人與靈界的食物一旦產生連結，便與人間的羈絆漸行漸遠，靈界食物成為了長駐異域的無形契約。湯婆婆奪走千尋的名字，讓她變成「千」，這是象徵著，人類一旦進入靈界便忘記了「我是誰」。然而，白龍給千尋的那顆從河神那裡得來的「淨化之物」，卻發揮了相反的作用：它讓千尋找回被遺忘的記憶與真名，保住了她身為人的意識與意志。從這裡可以知道，「吃」這一個動作，是決定「我是誰」的關鍵——污穢的食物會讓你失去自我，純淨的食物卻能讓你找回「本我」。但是，真正的關鍵不在於吃什麼，而在於靈魂承載的是貪婪還是純淨。

這些情節都呼應了日本神隱和台灣魔神仔的傳說：人被帶進一個不同的空間，從此與現實世界隔離。

最後，千尋與無臉男搭上橫越無邊海洋的列車，彷彿穿越了現實與虛幻的最後一道屏障。那片迷霧籠罩的海面，正是將靈界與人間隔開的神祕疆界，也是所有被神隱帶走的人們，重返人間必經的試煉之路。

以我個人的靈修體悟來看，「神隱」不只是肉身的失蹤，更像是一種靈魂意識被遮蔽的狀態。身體還在這個世界，但靈魂卻被夾在靈界與人間的縫隙中——既不屬於此界，也無法抵達彼界。這是靈魂被封印的意識狀態，彷彿永遠找不到歸途的遊魂。

不過，那只是故事裡的神隱。現實中，真正發生的神隱事件有時更難以解釋，也更令人不寒而慄。接下來，讓我們看看日本近期發生的兩起真實「神隱小孩」事件。這些故事和台灣的魔神仔傳說極為相似，聽了，可能會讓你背脊發涼……

五秒神隱的小男孩

第一起駭人聽聞的事件，發生在日本茨城縣一處山嵐籠罩、濃霧繚繞的山區。主角是四歲男孩松岡伸矢。那天清晨，山林仍沉浸在濃霧與濕冷中，父親松岡正伸帶著三個孩子外出散步。他們暫住的親戚家位於山路一個轉角旁，必須沿著布滿青苔的石階攀爬半層樓高才能抵達。

當一家人快回到門前時，伸矢忽然停下腳步。他沒有看向父親，只是直視前方的階梯，語氣異常平靜地說了一句：「我想再下去走。」父親愣了一下，以為孩子只是還沒玩夠。

伸矢一向乖巧，從不亂跑，每次父親叮囑，他總是點頭答應。

父親對他點點頭，轉身安頓其他孩子。然而，就在伸矢轉身走下階梯的那一瞬間，正伸正要開口叮嚀，眼前一幕讓他驚呆了：不到四秒，孩子竟憑空消失了。

石階兩側是高聳石牆，連成人都難以攀越，更別說是一個四歲的孩子。這條通往親戚家的石階，是唯一出入口，陡峭狹窄、毫無遮掩。正伸記得伸矢先前還走得吃力，一步步慢慢攀爬，哪來的速度能瞬間離開現場？

伸矢在父親眼前憑空消失了。正伸驚恐地環顧四周，卻看不見半點蹤影，沒有腳步聲、沒有人影，彷彿什麼也沒發生過。

那個小小的身影，被帶往了哪裡？在短短四秒內，究竟發生了什麼——至今，無人能解釋。

當地立即動員上百名警消人員展開搜救，次日更擴大到兩百人參與。但伸矢彷彿被某種力量刻意藏匿，整片山林中完全找不到他的蹤影。山中沒有任何能解釋他失蹤的線索：沒有野獸的毛髮或腳印，沒有血跡，沒有掙扎的痕跡；甚至連所有可能跌落的山坡、溪谷，也未見半點蛛絲馬跡。更令人匪夷所思的是，當天清晨就在唯一通往外界的田地裡工作的農民，也表示沒見到任何可疑的人車進出，甚至連孩子的身影也不曾見過。

伸矢就這樣，在山林中神祕消失，從此杳無音訊。直到今天，他的家人仍未放棄尋找那位被「神隱」的伸矢。

歲月如流水般逝去，三十載春秋過去。那對白了頭的父母依然會在繁忙的街頭駐足，凝視著每一個年齡相仿的陌生人，期待奇蹟的降臨。在他們心中，四歲的伸矢並沒有真正消失，只是被某種無法理解的力量暫時帶走了，總有一天會回到他們身邊。

古老的東瀛傳說中，總有孩童莫名消失在深山裡的故事，彷彿被某種超自然力量帶走，村民會點燃火把、手持銅鑼深入山林搜尋。松岡伸矢的離奇失蹤，會不會正是這類古老現象在現代社會的重現？當晨霧還未散去，當那些濕滑的石階還沾著露水，在那短短幾秒鐘裡，這個世界是否出現了某種我們無法理解的縫隙？

三十年來，這個無解的謎題依然深深埋藏在關東山區的迷霧中，等待真相的曙光。

失蹤女孩的遺骸，離奇出現在峭壁之巔

並非所有被神隱的人都消失無蹤——然而，等待而來的並不是喜悅，而是……

在山梨縣幽深的山林中，一個七歲女童在露營地附近玩耍時離奇消失。即便出動了上千名搜救人員與當地居民，配備最先進的搜索設備，都找不到她的蹤跡。當地老人們低聲談論著，這片山林似乎總籠罩著一股說不清的詭異氣息。

就在這起失蹤案即將被遺忘時，山林深處出現了令人毛骨悚然的發現——三年後，搜救人員在一條人跡罕至的山徑上發現一具白骨。經DNA比對，確認正是當年失蹤的女童。最不可思議的是，這具遺骸竟然出現在一處連成年人都難以攀爬的峭壁上。四周沒有任何可供攀爬的路徑，沒有繩索的痕跡，也沒有任何可以徒手爬上的支點——那麼，這個小女孩到底是怎麼到達那裡的？或者，她是被誰帶過去的？

法醫的檢驗結果，讓整起案件更加離奇——遺骸沒有任何墜落造成的傷勢。更不可思議的是，現場沒有掙扎的痕跡，地面上甚至找不到鞋子應該留下的摩擦痕。這不像是單純的意外墜落，更不像是女孩自己走過去的——更像是有某種神祕的力量，將她直接「放」在那裡。

與魔神仔相伴的靈異奇緣

雖然故事名稱各異，但其神祕的消失現象卻驚人地相似。以下所述，是真實發生於二〇〇一年四月，美國阿肯色州奧扎克山區的布法羅國家河流荒野保護區（Buffalo National River Wilderness）內的一起離奇失蹤事件。至今，這起案件仍無合理解釋，被視為當地搜救歷史中的經典謎案。

六歲的海莉・澤加（Haley Zega），第一次跟著祖父母進入森林健行。起初她還興奮地邊走邊唱歌，但沒多久就開始鬧脾氣，纏著要祖父母背她。奶奶半開玩笑地說：「那你就留在山上好了。」說完並繼續前行，並不時回頭確認她是否跟上。

但就在幾次回頭之後，海莉不見了。

那時海莉沒有亂跑，只是低頭看著地面。一抬頭，原本應該在眼前的祖父母憑空消失，周圍的森林也變得陌生。樹木更密，陽光更暗，空氣中瀰漫著潮濕氣息，像剛下過雨，但她記得剛才明明是晴天。

她試著往回走，卻怎麼也找不到來時的路。就在恐懼逐漸湧上心頭時，樹影間悄然出現一名黑髮小女孩，約莫四歲，穿著舊舊的運動衫，手裡握著一支手電筒，靜靜地望著她。「妳迷路了嗎？」女孩輕聲問。她自稱艾莉西亞，沒有說來自哪裡。她帶著海莉穿越森林，找到棲身之處，教她避開危險，甚至找來能吃的野果。但她也警告：「有些樹不能靠近，那裡有東西在看著我們。」三天內，搜救隊無數次經過海莉附近，直升機盤旋、手電筒的燈光掃過，卻沒人發現她。她揮手、呼喊，卻像被世界遺忘一樣。每當救援靠近，艾莉西亞便會消失；等他們離開，她才出現，輕聲說：「妳不該太早被找到。」直到第三天，海莉體力耗盡，意識模糊，彷彿一點一滴被森林吞噬。艾莉西亞說：「妳該走了，但要自己走出去。」海莉聽見遠方有人喊自己的名字，掙扎著站起來，一步步走向聲音。

搜救人員最終在一處她本不可能抵達的地方找到她。渾身髒亂、極度脫水，但身體狀況出奇地穩定。海莉說，是森林裡的艾莉西亞救了她。沒有人知道那個女孩是誰，當地沒有任何失蹤兒童符合她的描述。更奇怪的是，海莉記得的森林景象——蜿蜒的小徑、岩石、河流——實際上全都不存在。彷彿她曾短暫踏入一個不屬於現實的空間，然後又被送了回來。

多年後，海莉已經長大。她依然記得艾莉西亞的模樣、穿著，還有那些她帶回來的野果。只是那個地方，她再也找不到了。

※ 無極瑤池金母如是說——魔神仔

天下萬物都有靈性，精怪、魔神仔亦是如此，它們不是你們想的那種看得見的生物，它是個特別的精怪。

當一個生命在這個世界結束時，雖然肉體會消失，但其生命能量並不會完全消散。這些殘留的生命氣息會逐漸飄散，最終融入天地之間，成為自然循環的一部分。

但在某些終年不見陽光的陰鬱之地——那些水氣瀰漫的溪澗、雜草叢生的荒地、盤根錯節的古樹蔭下——精氣並不消散。這些被稱為「陰地」的場所，成了精氣的蓄積之池，也成了孕育鬼怪、精怪、妖靈、魑魅魍魎等未知存在的神祕搖籃。

然而，單一生命的精氣力量微弱，無法獨自化形。唯有當無數生靈的精氣在這些特殊地點日復一日地融合與轉化、相互吸引、彼此吐納，歷經數十載甚至百年光陰的醞釀，才可能凝聚成一個具有意識的靈體。正因如此，各地所現的精怪形貌迥異——山區的與水邊的截然不同，森林中的與田野間的各有特色——魔神仔的存在，正是大自然奧妙運作的一部分。

為何萬物精怪終將化為人形？

生物離開人世後，每個留下的精氣都有它獨特的味道。奇妙的是，當這些精氣慢慢聚在一起，到了某個程度，常常就會顯現出人的模樣。這個現象揭示了天地運行的奧祕，也讓人不禁思索，「人形」在天地間到底代表什麼意義？

道家修煉典籍、仙家學說及精怪研究都認為，動物要轉世成人才能修煉，但這句話需要說得更清楚。萬物皆可修道，妖精與異類亦能通靈悟法，但動物受限於形體束縛、本能驅使，神識難以專一，無法參悟玄妙法理。相較之下，人身具備靈台清明、慧根深厚之質，擁有煉精化氣、煉氣化神的天賦根器，能使元神淬鍊至純淨無瑕的境地。因此，雖然修煉不拘於外形，但由於形質有別，動物修煉往往需歷經百千載，最終仍會朝向人形演化。

妖精怪的形成與發展，正體現了這種演化過程。妖精怪初生時，其精氣神尚稀薄不凝，猶如一團模糊未定的能量，只能依循本能感受外界。隨著無以數計的時間推移，它們逐漸吸收天地靈氣與自然運行之力，精氣神開始穩定、凝聚，形態與內在意識也逐步成形。當精氣神逐步穩定內聚，神識由此生起，並隨著意識的凝定，逐漸脫離混沌本能，開始具備初步的思維能力與辨別之智。隨著神識日益內明，對「自身」的覺察也隨之萌發，進而步入自我識別的狀態。

人形之所以特殊，在於它象徵著天地之間的橋梁，完美體現了靈性與創造力的結合。挺立的身軀代表與天地相通的可能；靈巧的手腳象徵無限的創造與行動潛能；而五官所具備的表達力，更使思想與情感得以顯形，展現靈性的深度與層次。這不僅是一種外表，更是天地造化所凝鍊出的精粹，蘊藏著宇宙法則中靈性最高層次的奧祕。正因此，「人性」二字蘊藏著通往大道的無窮奧義，也說明了為何靈體凝聚後，便會自然呈現人的形貌。

若細心觀察生活周遭，便能發現一個值得玩味的現象：有些人雖有人的樣子，卻在言行舉止間漸漸失去「人性」的光彩。比如，有些人做事總是三分鐘熱度，沒有意志力也不專心，這些內在的特質常常反映在外表上：走路拖拖拉拉、眼神渙散、彎腰駝背，整個人看起來沒有精神，好像被看不見的重擔壓著。還有些人，外表看來肥胖沉重，不愛動，整個人像陷在泥沼裡，這些身體特徵其實都在說明內在靈性的狀態。特別要注意的是，當人漸漸變老時，有些長者不只是身體衰退，還會特別憔悴，眼神更是渙散無光，這些跡象往往暗示著靈魂正在慢慢消退，讓形與神漸漸分開了。一個人外在的表現，像是行為、說話方式，常常就是內在靈性的真實寫照，就像一面鏡子，清楚映照出靈魂意識的層次高低。

當你明白了這一層道理，就知道為何修煉內在的靈魂意識與元神如此重要，因為它終究會反映在外在狀態。靈性的高低不在於外表的形態，而在於內在本質的深度與品質。「人形」只是靈性到達某個層次後自然展現出來的樣子，真正的修行應該注重提升內在的靈性，而不是執著於外表的改變。「人」之所以被稱為萬物之靈，是因為這個形態能最完整地展現天地間最高的靈性特質，可說是宇宙造化的精華。

被魔神仔選中的人

很多人都以為魔神仔會故意害人，但其實魔神仔並不會主動攻擊人。很多說是「魔神仔作怪」的事，其實多半跟人自己的心理狀態有關。舉個例子，有些人說被魔神仔「騙」

到山裡躲起來，表面上看起來是魔神仔做的，但其實這更多是人內心脆弱和害怕的表現。魔神仔的出現就像一面鏡子，放大了人性中原本就有的陰暗面。如果有人選擇躲在山洞裡，不是魔神仔逼他的，而是他心裡本來就想逃避現實，這種心理狀態才是真正的原因。如果不去面對這些內心的問題，就容易把責任推給外面的「神祕力量」，而忘了反省自己。

所以，當聽到魔神仔的傳說時，重點不是要害怕或躲避，而是要想想自己的心理狀態。透過了解人性有多複雜，才能看清楚「魔神仔危害」背後的真相，這不是外面的力量造成的，而是人內心世界的投射。

說到被「魔神仔」引誘的人，常會做一些奇怪的事，像是吃蟲子、吞沙子，甚至吃糞便。這些行為看起來很怪異，但背後其實有原因：就算人失去了清醒的意識，比方說植物人，身體裡最原始的本能——吃東西和排泄——還是會維持著生命。這些本能就像刻在生命最深處一樣，很難完全消失。

很多人都認為這些怪異的行為是魔神仔造成的，但說得更準確些，當一個人意識變得模糊或失控時，這些行為其實更像是原始生存本能自然顯現出來。就算人想要離開人群，追求內心的安靜平和，但這些基本的生命運作還是會繼續下去，不是說切斷就能切斷的。

特別要說的是，如果一個人能真正放下對生命的執著，把自己的靈性提升到更高的境界，魔神仔的影響力就會變弱，甚至完全消失。這說明了一個重要的事實：魔神仔不是傳說中那種真實的妖怪，而是一種純粹的能量體。它要在特定條件下才會存在，並不是隨時都能起作用。

關鍵就在於一個人的意識狀態。一個人的靈魂有多清醒，內在意識有多穩定，直接決定了會不會跟這種能量體接觸。這也說明了為什麼小孩子和老人比較容易感覺到魔神仔——不是因為他們年紀的關係，而是因為他們的意識狀態有點特別。小孩子的「自我意識」還沒完全成熟，老人家的「本我意識」可能已經變弱了，所以比較容易跟這種能量產生互動。

所以說，雖然有些不尋常的事可能跟魔神仔有關，但要知道，它只是一種能量的表現方式，不是真的妖怪。如此理解就能更清楚地看待這些神祕現象，同時也提醒大家，保持內心清明穩定，才是避免受到異常能量影響的根本方法。

魔神仔撕裂的時空之謎

在許多關於魔神仔的傳說中，經常提到它們能帶人穿越看似無法進入的地方，比如穿過茂密的竹林，或鑽進狹窄的岩縫。這些看起來像是違反物理法則的現象，其實與深層的能量運作息息相關。

像山林、洞穴、竹林等自然環境，本身蘊藏著強大的生命力與能量場，而魔神仔作為高度凝聚的能量體，能影響這些能量場的結構。這並非無中生有，而是能量體與自然能量場共鳴的結果。從能量與物質的關係來看，所有物質本質上都是特定能量頻率的排列組合，這些排列決定了物質的形態。魔神仔的氣場與人截然不同，出沒之時，往往攪動空間原有的氣流，有時甚至撕開一道難以察覺的縫隙，短暫地改變時空的走向。以竹林為例，竹子清靜，氣場細密，然而當魔神仔行經其中，竹林內部可能會出現氣場錯位，形成一條無法用常理解釋的幽徑。對靈性極高的魔神仔而言，這樣的改變近乎本能。它們遊走於靈界與人界之間，以自身氣息與天地應合，使封閉的自然場域短暫開口，化為通往異界的門戶。

因此，魔神仔帶人穿越一般人無法進入的地方，並非違背自然法則，而是展現了更高層次的空間扭曲。這些現象揭示了物質世界背後深奧的運行機制，也解釋了為什麼這類經歷往往超出一般人的理解範圍。

魔神仔的老人面、小孩身體，隱藏著什麼靈異祕密？

說到魔神仔的形體變化，很多人都好奇：為什麼有人看到老人的樣子，有人卻看到小孩？要了解這個現象，得先知道精怪是什麼。大部分的精怪其實沒有真正變化形體的能力，它們本質上就是一種意識場的存在。當這些意識在世間累積得夠久，就會投射出與觀看者心念相應的形象。這種變化並非精怪主動變化，而是受到觀看者內心的影響，才顯現出那樣的樣貌。

為什麼精怪常常看起來像小孩呢？這牽涉到人心天生的傾向——人總是對幼小之形較無防備。這種傾向深植本性，古往今來皆然。尤其在身體疲憊、天光漸暗的時候，心神鬆動、感知未定，更容易見到孩童的形貌。這樣的模樣往往勾動人的憐憫與庇護之念，使人不自覺卸下心防。

但不是所有精怪都像小孩。有些會顯現成老人的樣子，這類精怪存在的時間更久，氣比較沉，靈力也更穩，已經不需要用孩童的模樣來接近人。它們多半已經穩定成形，心念深、不輕易顯現。相對地，那些看起來像小孩的，多半還不夠穩定，氣場鬆散，形體不凝，是還沒「定下來」的存在。因此，遇到老人形態的精怪要更小心，因為這類精怪跟人互動的能力比較強，尤其是當人心裡有慾望的時候，更容易被感應而產生連結。

什麼地形容易聚集精怪鬼靈？

魔神仔其實不是從人變來的，而是動物離開人世後的氣息跟天地間的精氣，經過很長時間聚集變化才形成的一種精怪。陰暗的山區容易聚集精怪，跟動物的特性有密切關係。動物天性喜歡陰涼隱密的環境，在這些地方築巢是牠們保護自己的本能。當動物離開人世後，牠們的精氣也多半留在這些隱密的地方。時間久了，這些地方就變成精神能量聚集的地方。想要避開魔神仔，最重要的是要知道它們在什麼地方出現。具體來說，它們需要特定的環境才能形成，比如說長期有雲霧、水氣很足，或是樹蔭很深的山區。這種環境不只適合動物住，也容易聚集精神能量。

值得注意的是，如果這地方有寺廟或土地公廟，因為有香火祭拜，能讓氣場穩定，能量更容易聚集，動物的精氣會與廟宇的香火之氣結合，形成與魔神仔不同的存在形式。但若寺廟長期荒廢無人膜拜，或是主事者心性不正，便可能衍生出人們所懼怕的「所拜非正神，而是其他靈體附身」的現象。

承前所言，陰濕生精怪。反觀沙漠乾燥無水氣，氣散難聚，魔神仔自無從現身。所以，常年陰暗、雲霧很多的山區通常有比較多特殊的能量，非必要的話，最好別常常進去。這樣的地方可能藏著很多人類還不太了解的現象，太靠近反而會增加不必要的風險。不過，隨著都市化的發展，這些適合精怪形成的自然環境越來越少，這也是現代人比較少遇到精怪的主要原因。

要明白，真正影響人的不是精怪，而是自己長久以來累積的心念。防範精怪的關鍵，不在於臨時應對，而在於日常心性的修煉與內在的凝聚。平日內在的穩定、意志的堅定、專注力的培養，以及對生命踏實的承擔，才是最根本的護身之道。當內心渙散、心志鬆動時，便容易與那些異質能量產生共鳴，這也說明了，為何心性未定的孩童、體力耗竭的登山者，或神識漸弱的長者，更容易與精怪相感。當意識薄弱，無形也就悄然到來。因此，真正的保護，不是等待靈異來臨時才設防，而是平時就讓心如磐石，定而不動。當心神安住，萬靈自遠——無需驅邪，自無邪近。

若因登山或旅遊而需前往這類地帶，宜在太陽下山前離開山區。只要保持意識清明、心神穩定，自然能減少與精怪共振的機會。趨吉避凶，從來不是恐懼，而是對天地規律的尊重。

宇色透視

不少人渴望從無極瑤池金母的智慧中，明白魔神仔的真正面貌。在這次殊勝的請示裡，我深深領受了一則意義非凡的啟示。

魔神仔這個議題，是在我的著作《我在人間與靈界對話》中首次提出。當時，無極瑤池金母給了我一段深具啟發性的回答，祂表示：當我們進入陌生的地方，我們的心態應該更加警覺、警惕與敬重。特別是在面對大自然時，更應該懷著謹慎和尊敬的心。因為山林孕育了無數生物，也蘊藏著許多人類無法看見的力量。

魔神仔正是源於大自然的神祕之力。現代人走入山林時，多已失去敬畏自然的心，只想著遊玩嬉鬧，這與古人面對大自然的態度有著極大不同——古人總是懷著謙遜敬重的心，小心謹慎地與山林相處。古人在入山前，必會先在入山處向天地山神虔誠膜拜，以示敬意。如今，較為謹慎的人，會在入山前到附近的土地公廟上香祈福，這是對天地、大自然的敬畏之心。我認為，如果我們能以這樣的心態面對世間萬物，不僅能避開不必要的危險，更能讓我們的心靈與大自然、內在建立更深層的連結。

而在探討魔神仔現象時，或許我們需要更深入地理解它與人性的關聯。

如同之前提及的無極瑤池金母慈悲開示，祂提醒我們要觀察人性的變化：當一個人失去了善念和光明，外表雖然還是人，但內在可能已經接近魔神仔般的黑暗狀態。就像為了私利而損害國家利益的人、為了金錢而背叛至親好友的人，或是對弱勢者冷嘲熱諷的人們；更有甚者，有些人富有卻視窮人如草芥，絲毫不願伸出援手，甚至還有人因為私人情感糾葛而殘害家人——這些人的眼神中失去了溫暖，話語中缺乏慈悲，行為中不見良善，彷彿靈魂已被黑暗吞噬——他們的行為與心性，不正如同魔神仔般毫無人性嗎？魔神仔其實就是人性黑暗面的投射，它象徵著徹底墮落、喪失人性的極端狀態。在現代社會的壓力與挑戰下，許多人逐漸迷失了「人」的本質。當生活的重擔壓得我們喘不過氣時，很容易就會步入這樣的深淵。

關於魔神仔是否存在，我認為這已經是無可置疑的事實。但我們不應該單從研究生物或是鬼怪的角度來理解它，更重要的是思考：它的出現究竟想告訴我們什麼？我認為答案就在人心裡——魔神仔其實是我們內在黑暗面的外在顯現。

這關係到我們如何看待自己的生命——我們用什麼樣的態度來對待自己，魔神仔與我們的關係就會從這個基點開展。就像無極瑤池金母所說，真正需要處理和面對的是我們自己。如果我們對生命方向和使命感有強烈的體認，能夠安住在自己心中，那麼魔神仔就與我們無關。將這個道理延伸到外在世界：當我們的心更加堅定，生命更加安穩，外在的風風雨雨也將與我們無關，因為我們已然安住於心中。我們的心，就是給予自己最大的支撐。

本章中提到的艾莉西亞，為何我很自然地就聯想到台灣的魔神仔傳說，而不會將艾莉西亞直接歸類為「鬼」？這是因為魔神仔代表著一種更廣義的山林靈體，其本質遠比我們一般認知的要複雜得多。雖然魔神仔常被簡單地視為山中作祟的精怪，但實際上，它們是經年累月吸收了山林日月精華而形成的，可能是山神、山靈的化身。

鬼與魔神仔的一大差異在於與人互動的持續時間。一般我們聽到的靈異故事中，鬼的出現都相當短暫，可能只是轉瞬即逝的身影，或僅在車上留下莫名的手印、在電梯裡感受到的一絲異樣；然而，海莉與艾莉西亞之間的互動卻持續了整整三天，不僅僅是短暫的閃現，而是包含許多細膩的交流——一起玩遊戲、協助尋找安全之處，甚至保護海莉免受危險。

從活動範圍來看，魔神仔也具有顯著的區域性。它們的出沒範圍往往以某座山頭或特定山區為主，鮮少跨越地理界限。但鬼魂通常只能在極為狹小的範圍內活動——例如，從不會有鬼魂在一座鬼屋內作怪後又突然出現在都市街頭。相比之下，魔神仔雖然也具備固定的活動範圍，但那範圍明顯比鬼魂來得更廣、更具地域性。

從海莉的描述中，我們可以看出艾莉西亞展現出的能力與魔神仔的特性極為吻合。它不僅帶領海莉避開危險，還能在夜晚尋找安全的棲身之所，甚至在恐懼中給予溫暖的陪伴。這一連串的細節，無不讓人聯想到傳說中既能捉弄人、令人迷路，同時也會在關鍵時刻伸出援手的山林靈體。海莉的故事進一步告訴我們，類似魔神仔的存在並不只出現在特定的文化或地區。世界各地的深山密林中，都可能潛藏著這樣神祕的存在。更重要的是：魔神仔的出現，不一定是為了帶來災難或將人引向危險。有時候，它們反而是在保護迷途者。或許正是因為這些山林靈體本身就帶有著既善意又潛在威脅的雙重性質，才讓人對它們又敬又畏。

＊　＊　＊

既然魔神仔確實存在，那它到底想告訴我們什麼？無極瑤池金母提醒我們：人總是用自己的內心狀態來看世界。內心有恐懼，看到的就更可怕；內心空虛，就容易被什麼東西填滿。

不論是神隱與魔神仔的傳說，在在都提醒我們，這個世界中潛藏著許多科學無法解釋的奧祕。存在並不僅限於我們肉眼所能捕捉的現象，大自然中更潛伏著尚未解明的力量與能量。當我們踏入幽深的山林或靜謐的海濱時，應懷著謙卑而敬畏的心，細細傾聽那無聲的呼喚。這並非在引發恐懼，而是提醒我們時刻保持警覺與尊重，從而窺見生命中隱藏的奧妙，同時警醒自己勿因自大而迷失方向。畢竟，當我們深入被傳說環繞的森林時，必須保持莊嚴的心境，不可輕易放縱——因為那深林從不屬於我們，而是靜靜守護著屬於它的、看不見卻真實存在的靈域。

最後，與大家分享無極瑤池金母的一項重要叮嚀——入山時務必隨身攜帶哨子。無極瑤池金母曾教導，尖銳的音頻能穿破魔神仔設下的結界。相傳，某些結界是透過特殊的能量波動構成，而特定頻率的聲波能產生共振，進而破除迷障。因此，若在山中遭遇危險、迷路，或遇上鬼擋牆，哨子或許就是救命之物。

抗拒死亡，只因你怕見那未知的死後世界，
畏懼未知，只因你未曾敢直面心中那隱藏的陰影。
世上的虛幻與真實，都只是表面現象；
只有直面自己的內心，才能找到永不改變的真理。

探問

① 魔神仔和「鬼」有什麼差別？

魔神仔並不是鬼魂。鬼是人死後靈識殘留於世間的意識碎片，帶有過去的情緒、執念與未了的因緣。而魔神仔則是天地自然中的「精氣」，長時間累積於特定的環境中，逐漸凝聚成為有意識的靈性存在。它不是由人死後轉化而成，也不經歷輪迴投胎的過程，而是介於自然能量與靈體之間的特殊精怪。它們出現在山林、竹林、溪邊等陰濕之地，不一定懷有惡意，但能與人的心理共振，擾亂心神，讓人迷失。

② 出去遊玩或登山時，該如何保護自己，避免與魔神仔產生共振？

當你進入山林，穩定的心念與敬意是最好的保護傘。避免在情緒混亂、心神浮動、分心閒聊的狀態下進山。建議入山時隨身攜帶哨子，尖銳的聲音有助於破除魔神仔可能設下的結界。除此之外，也可事先向當地的山神或土地公拜拜，表達敬意與祈願平安。幾乎每座山都有自己的山神，若是當天來回的登山行程，登山口多有香火或神明駐守，可誠心參拜；若為多日縱走行程，可在家中先向自己的家神或祖靈、居家土地公祈願，再動身。

③什麼樣的地理環境容易遇到魔神仔？登山時該如何避開？

魔神仔最常出現在陰暗潮濕、無人涉足、氣場濁重的地方。這些地點常見於深山竹林、甘蔗田、溪邊、雜草叢生之地、廢棄農舍、亂葬崗、舊墳地等。竹林尤其被認為是魔神仔出沒的熱點，因為其氣場緻密，陽光難以穿透，容易形成能量錯位。若你是喜愛登山的旅人，建議選擇陽光充足、路徑清晰、行人常經的登山路線；盡量結伴而行，並在下午前離開山區，避免逗留至黃昏或天色不明之時，因為那是靈界能量轉動的時刻，人心也最容易恍惚。

④為什麼有些人特別容易「被魔神仔牽走」？

魔神仔的干擾一直都是隨機發生的。當一個人心神不穩、內心渴望逃避、情緒低落、失去方向時，就容易進入與魔神仔共振的頻率中。這種「牽走」，更多時候不是魔神仔強行帶走，而是人的靈魂自己找到了可以逃離現實的能量出口。小孩與老人因為心神較鬆動、意識界線模糊，也因此成為最常與其接觸的對象。

⑤如果我真的迷路、懷疑自己被魔神仔影響了，應該怎麼辦？

第一步，不要驚慌、不要慌張地亂跑。請安靜坐下，反覆默念自己的全名，這樣能幫助你找回意識中心、穩定元神。

第二步，你也可以念誦自己熟悉的祈禱文、祝詞，或是呼請你信仰的神明。最重要的是穩住心神，不要陷入恐懼，因為一旦你的元神渙散，魔神仔的能量就會進一步干擾你的方向感。

第三步，當你穩定下來，之前「看不見的路」會慢慢浮現，而天地自然的靈性也會幫助你返回正軌。記住，你不是被帶走，而是暫時迷失了內在的方位感。

幽魅顯相：紅衣小女孩詭聞

在與出版社討論《請問鬼怪》的構思時，我第一個提出、也最想寫的故事，就是紅衣小女孩。為什麼它的故事會如此觸動我，讓我決定非寫不可？因為這個靈異傳說在台灣已流傳近三十年，然而，作為同樣生活在這片土地上的人，我卻從未真正深入了解它的故事。這讓我想到，與許多我親身經歷的靈異事件一樣，我總是選擇讓這些故事靜靜沉澱，卻不去探究其中的真相。

然而，當我看到紅衣小女孩的形象逐漸從帶有魔神仔色彩的神祕存在，變成綜藝節目中的噱頭，甚至成為電影與商品題材時，我開始猶豫：我是否還應該寫這個故事？我擔心，這樣的書寫會被視為冷飯熱炒，或只是蹭熱度的嘗試。

然而，一次向無極瑤池金母請示，我獲得了全新的啟發。原來，我們可以跳脫恐怖的刻板印象，重新思考紅衣小女孩在台灣文化中的意義。這不僅關乎靈異現象的探討，更是讓我們深入理解自己與生命本質的契機。作為走在靈修道路上的人，我深知與鬼神、妖物、陰靈之間的接觸無可避免。透過無極瑤池金母的開示，我領悟到分享這個故事的真正價值：不在於證實或否定它的存在，而是要引導更多人從不同視角來認識紅衣小女孩。

大多數人對紅衣小女孩的印象，可能只停留在螢幕上那個令人毛骨悚然的臉孔。但我相信，如果我們願意換個角度去理解，也許能看見那些被恐懼遮蔽的訊息，聽見它真正想傳達的心聲。這個念頭也是促使我寫這本書的原因之一。

許多人將紅衣小女孩視為山林間魔神仔的化身，所以我特別把這個主題安排在魔神仔章節的後面。希望讀者在了解魔神仔的背景後，再來看這個案例，能更清楚它可能屬於哪一類精怪或鬼魅，也比較容易理解其中潛藏的靈性與玄學意涵。

我曾猶豫該怎麼寫這個故事，因為它可以從很多角度切入，每一個觀點都有其合理性。最後決定這樣安排，是希望讓整體脈絡更清晰，也邀請讀者從不同的視角來重新思考我們對這些神祕存在的看法與想像。

紅衣小女孩某種程度上代表了台灣特有的鬼故事文化。說到台灣的鬼故事，跟日本、東南亞比起來，我們比較少有自己的都市傳說。像大家都知道的虎姑婆，其實是從中國傳過來的。但是自一九九八年起，紅衣小女孩突然成為台灣街頭巷尾最熱議的女鬼，迅速融入台灣的集體記憶，成為無可忽視的都市傳說。

這個都市傳說源自一段再普通不過的家庭錄影帶。影片記錄了一家人在台中大坑旅遊的畫面：吃完飯後，他們決定去散步。這原本只是再平凡不過的家庭活動，但接下來發生的事，卻讓人毛骨悚然……影片最後方，出現了一個穿紅衣的詭異小女孩。它的身體比例極不自然，臉色青黑，走路時雙腳大開，像個老婆婆般詭異。更令人不安的是，當一位家族成員對著鏡頭微笑時，竟露出了一對像吸血鬼般的虎牙。而這位成員在登山結束後不久，就離奇去世了。

隨著這段影片在電視反覆播出，加上近年來 YouTube 和社群媒體的推波助瀾，紅衣小女孩的形象始終未曾從台灣人的記憶中淡去。還記得上個章節提及魔神仔其中的一種形象：穿著紅衣、紅褲、紅襪，卻有著老阿婆面容的紅衣魔神仔。湊巧的是，影片中的紅衣小女孩竟與這個「紅衣魔神仔」竟有著高度相似性。

關於影片的真實性存在諸多爭議。有人認為這是後製作品，質疑整個家族的走路方式和拍攝手法過於刻意，似乎刻意凸顯紅衣小女孩。也有精神科醫師指出，影片造假的可能性很高，他們提到，不只是紅衣小女孩臉色泛青，影片中所有成員都呈現相同狀況，顯示這可能只是影片畫質造成的結果。另一方面，也有人持不同看法：雖然小女孩的臉確實顯得青黑且眼神空洞，但考慮到當時的影片解析度，這樣的畫面其實很正常——因為影片中所有家庭成員的臉部都不是特別清晰。

隨著時間推移，這個角色早已超越單純的鬼故事，逐漸衍生出電影等周邊商品。或許有一天，它也能如同好萊塢的安娜貝爾或《大法師》一樣，成為具有台灣宗教連結的恐怖文化元素。這雖然未知，但可以確定的是，現在每當談起台灣的靈異故事，紅衣小女孩總是最容易引發共鳴的話題之一。它的形象讓九〇年代末期的台灣人擁有共同的恐懼回憶，不僅成為這一代的話題，更深植台灣，成為獨特的鬼故事象徵。

也正是因為這樣，我留意到當年節目的製作人曾在 YouTube 頻道「靈異錯別字」上親自現身說法，分享了取得紅衣小女孩影片之後的後續發展。對他描述的完整內容有興趣的讀者，可以自行搜尋觀賞。以下是他提到的三個真實事件，也許能為我們提供更多不同角度的思考空間。

我們害怕的，從來不是鬼怪。
而是我們看見了卻不想面對的東西——
我們的念頭、欲望、脆弱、執著，和對現實的逃避。
所有的靈異現象，說到底，不過是一面鏡子。
你用什麼眼光去看它，它就反映出什麼樣的你。

製作人現身說法

節目製作人首先對「紅衣小女孩」事件做出澄清，他強調，這段影片絕非節目組後製加工，而是透過公開邀請，讓所有觀眾自由投稿所得。他進一步表示，這起事件涉及人命，以製作單位的立場，絕不可能拿人命開玩笑。此外，他也反駁了外界對影片造假的質疑——如果這段影片真是捏造的，那麼內幕知情者勢必不只一人，早就會有人站出來揭露，但迄今為止，並未有任何相關證據或爆料。最後，針對網路上流傳的「紅衣小女孩長大了，在某處賣小吃」的傳聞，製作單位也曾深入追蹤被影射的人，結果發現，這些說法皆無根據，純屬杜撰。

為了進一步查證，製作單位來到大坑附近的學校進行調查，請校方協助廣播詢問是否有學生曾目擊過紅衣小女孩。一位男學生表示，他確實看過這名紅衣小女孩，當時他在放學回家的路上，遠遠就看見一個穿著與影片中完全相同的小女孩。由於附近居民都彼此熟識，這個陌生的小女孩特別引起他的注意。以她的年紀來看，不太可能獨自在這區域遊蕩，況且她又不是當地居民。帶著疑惑，他試圖跟隨這個小女孩，但她卻在一個轉角處突然消失。這位男學生堅稱，那個女孩的外型、身形和背影，與電視上播放的紅衣小女孩完全一致。這則協尋報導在當時就此結束，沒有後續發展。然而，由於紅衣小女孩事件造成的社會效應相當驚人，製作團隊決定在多年後重啟調查。他們在第四台密集播放紅衣小女孩的影片，希望能找到更多目擊者或認識影片中人物的觀眾。經過嚴格的篩選和驗證，大多數回應都被證實是不實的，沒有人能真正證實認識這位紅衣小女孩。不過，在仔細過濾了數百通電話和來信後，製作團隊還是發掘了三個真實性極高的故事，這些故事都十分引人入勝，值得從不同角度來探討紅衣小女孩存在的意義。

全台僅三人親眼目睹紅衣小女孩

第一個故事發生在高雄燕巢。當時，一名姓陳的送貨司機帶著顫抖的聲音，打電話向電視台訴說他的遭遇。製作單位經過多次確認與查證，發現他的語氣誠懇，驚恐的情緒也不像是刻意偽裝，初步判斷這起事件的真實性相當高。為了進一步了解情況，製作團隊親自前往高雄與他見面，結果一看到這名司機，大家都嚇了一跳——他整個人幾乎處於崩潰邊緣，彷彿剛經歷過什麼駭人的事情。

據陳姓司機的敘述，那天早晨他駕駛貨車行經一條人煙罕至的產業道路。整條山路上空無一人，也沒有任何車輛往來。就在他有些恍神之際，突然一台小轎車無預警地出現在他車前，著實把他嚇了一大跳。他心想這條產業道路根本沒有任何岔路，這台轎車是從何處冒出來的？

起初，由於那台小轎車只是穩定地與他保持一定距離，他並未特別在意。然而詭異的是，不論他如何加速或減速，前方的轎車始終與他維持相同的距離，彷彿刻意要與他同行。這種異常情況一直持續著，直到他注意到一個令人毛骨悚然的細節，才真正警覺前方這台車有問題。

當那輛轎車駛過一處水窪時，地面竟然完全沒有濺起水花。而當他的貨車也經過同一個位置時，卻激起大量的水花，濺得到處都是。等他開過之後才赫然發現，那個水窪其實相當深。這個反常現象讓他背脊發涼——為什麼前面那台車經過時，完全沒有濺起任何水花？就在他開始覺得不對勁時……前方轎車的副駕駛座突然伸出一隻慘白的小手，向他揮了揮，似乎在示意他超車。

儘管內心滿是疑慮，他還是猶豫地踩下油門，超車而過。就在貨車掠過轎車的瞬間，他忍不住轉頭瞥了一眼——那一眼，讓他終身難忘：副駕駛座上，竟坐著一個臉色青綠、眼窩深陷的小女孩；更駭人的是，那張臉竟是個老婆婆的臉！

這詭異景象讓他當場魂飛魄散，頓時手腳僵硬，甚至忘了自己正在開車。就在這千鈞一髮之際，路旁突然傳來一聲怒吼：「喂！快踩煞車！快踩煞車！」這一聲吼叫讓他猛然驚醒，抬眼一看，前方竟是一個急轉彎，若不是及時清醒過來，整輛貨車恐怕直接衝下山谷。而那聲救命的吼叫，是來自路邊一位正在耕作的老農夫，他已放下手中的農具，滿臉驚愕地望著他。

自從那天經歷了驚魂動魄的遭遇後，陳姓司機的人生彷彿被施了詛咒，開始急轉直下。起初是無預警地遭公司辭退，接著妻子突然提出離婚，連帶他所有的投資也一夕間血本無歸。更可怕的是，他開始出現難以解釋的精神症狀：半夜頻繁驚醒，渾身冷汗。起初，他試圖安慰自己，那天山路上的異象只是長途駕駛導致的疲勞幻覺。直到某個夜晚，他無意間轉到一個節目，不斷重播的「紅衣小女孩」影片讓他全身血液瞬間凝結。畫面中那張詭異的臉、那身紅衣打扮，分毫不差——正是他在山路上看到的那個「女孩」。那一刻他才驚覺：自己當天見到的，竟是傳說中的紅衣小女孩！

不久之後，製作團隊循線找上了當時出手相救的老農夫，而老農夫的一番話，更讓整起事件蒙上濃重陰影。老農夫表示，那段偏僻山路平日少有人跡，卻發生多次車輛墜谷的事故。幾年前，甚至有一對外地情侶選在那裡殉情……

＊　＊　＊

第二則故事發生在宜蘭礁溪。當事者是一名二十歲的池府千歲乩身，當天晚上他與一群朋友們外出夜遊，騎車經過一座橋時，他們注意到橋旁邊的一棵大樹上掛著一個虎頭蜂巢。為了避免這些蜂螫傷人，一群人決定爬上樹拆除蜂巢。然而，他才剛忙著處理蜂巢，下方的草叢突然傳來詭異的聲響。低頭一看，一個穿紅衣的小女孩不知從哪冒了出來，瞬間讓他背脊發涼。這小女孩的樣子嚇人至極——明明是小孩身材，卻滿臉皺紋，活像個老太婆。最可怕的是她的四肢完全張開，走路的樣子根本不像人類，而是某種怪物在模仿人走路，光是看著就讓他從頭冷到腳底。

乩身回憶：「那瞬間我就覺得奇怪了——這種前不著村後不著店的地方，大半夜的，小孩子怎麼可能在草叢裡跑來跑去？連大人都不會沒事跑到這裡來吧。」正當他心裡發毛時，那小女孩已經無聲無息地走上了沒有護欄的橋墩，開始瘋狂地搖晃身體。她搖擺的幅度大得不像人類能做到的，隨時都可能掉下去摔死，但她卻像沒事般繼續擺動。乩身緊張得要命，可手上還在處理蜂巢，只能一邊忙一邊偷瞄她。誰知不到兩秒的工夫，他再抬頭時，小女孩就這樣憑空消失了。整座橋可有十公尺長，他既沒聽見落水聲，也沒聽見尖叫聲，四周安靜得嚇人。那一刻，一股難以形容的恐懼襲上心頭——這小女孩到底是人是鬼？怎麼會就這樣不見了？無論怎麼想，這詭異的一幕始終解不開謎。直到後來，乩身在電視節目中看到了尋找「紅衣小女孩」的報導，才驚覺，那一晚他所見的，正是聞名全台的紅衣小女孩。

＊　＊　＊

最後一則故事發生在高雄美濃。有位先生在某一天與友人前往美濃某座深山的橋下釣魚，奇怪的是，整整釣了好幾個小時，什麼魚都沒釣到。那時已經是下午三點半，他感到疑惑，因為這條溪流在這個時間應該會有魚。他之前來過幾次，每次都有收穫，但這次卻一條魚都沒有。

就在他還在納悶時，忽然有一個穿著紅色衣服的小女孩從不遠處的橋上走過去。由於他們身處山區，人煙稀少，附近根本沒有住家。他的第一個念頭是，或許是某戶人家的小孩，但很快就否定了這個想法，因為這樣的地方怎麼可能會有小孩出現？

他壓低聲音問朋友：「你剛才有看到橋上……」話還沒說完，朋友便疑惑地搖了搖頭。就在那瞬間，一股莫名的寒意竄上心頭，兩人都察覺到空氣中瀰漫著說不出的詭異感，就連潺潺溪水聲，此刻聽來都透著陰森。魚釣不到也就算了，現在又碰上這種邪門事。他們默契十足地開始收拾漁具，只想儘快離開這片詭異的深山野地。

他們開車沿著山路行駛了二、三十分鐘，來到另一條溪流。正當他們下車準備走下山坡時，突然聽見前方傳來腳步聲。他們抬頭一看，驚訝地發現，竟然又是一個穿著紅色衣服的小女孩，正從下坡走上來。

當他們走近時，他才驚覺，眼前這個小女孩的打扮，正是稍早在橋上看到的紅衣小女孩。這讓他感到極度驚恐——畢竟他們開車走了那麼長的路，這個小女孩怎麼可能會在短時間內出現在這麼遠的地方？這讓他們感到更加困惑不安。更可怕的是，他們感覺小女孩似乎早已知道他們的行蹤，特地一路尾隨而來。當他和朋友與小女孩擦肩而過時，他感到一股強烈的不對勁。回頭一看，小女孩竟瞬間消失在旁邊的樹叢裡，完全沒有發出任何聲音。

那一刻，他感到難以置信——一個身高大約一百二十公分的小女孩，怎麼可能在轉瞬間無聲無息地消失在樹叢？而也就在這個轉身的瞬間，他也注意到了令人毛骨悚然、至今鮮少人知關於紅衣小女孩的細節……

這位先生後來向製作單位回顧整個過程時，臉色異常凝重。他描述了這個紅衣小女孩的特徵：

1.約一百二十公分，大約是小一或小二學童的身高。

2.神情異常，臉色偏灰，帶有一點綠色，不像正常人的膚色。

3.有些暴牙，嘴巴微微外突。這一點若不仔細看，可能不容易察覺，但就在他提起後，製作單位放大當初拍攝到紅衣小女孩的影片，發現它確實有暴牙。

4.它是同手同腳走路，這種行徑並不符合正常人的走路方式。

5.他回憶，小女孩的衣服上有一個米老鼠的圖案。這一點他非常確信，因為這是他唯一能夠明確記得的衣服特徵。這個圖案在當時的低解析度影像中不易看出，但在製作單位提供的清晰畫面中，可以明顯看見米老鼠的輪廓。

6.據他描述，當時他一回頭，就看見那女孩後腦勺的髮型是兩條扁平交叉的辮子。這個細節讓製作人更相信，他很可能真的親眼見過紅衣小女孩，因為在所有目擊者中，唯獨他能指出這個其他人從未注意過的異象。

這位目擊者當晚回到家，開始感到全身不適，一種前所未有的疲憊感襲來，不只像是得了重感冒，更像是全身的力氣被抽走。最令他痛苦的是背部和後腦勺那一帶，一陣陣劇烈的疼痛宛如被無形的手緊緊掐住，讓他幾乎無法忍受。更讓他不安的是，每到夜晚一點到三點之間——這個最寂靜的時分，他的房門總會響起規律的敲門聲。由於他是獨居，而且住在需要門禁卡才能進入的大樓裡，任何朋友來訪都一定會提前打電話確認。這種詭異的情況持續了整整一週之久，直到第八天開始，異常現象才漸漸消失，他的身體狀況也慢慢恢復正常。

* * *

不管這些故事是真是假，對修行人來說，更重要的是：它們在提醒什麼？以我個人的經驗，我會先假設它可能存在，而不是一開始就否定，否則探討的空間就會變得狹隘。所以，當我聽到製作人分享的三則關於紅衣小女孩的故事時，我選擇將它們納入思考範圍，但這不代表我完全相信，而是把它們當作線索，讓我能從不同角度理解這些現象，並對照我的靈修經驗，以及無極瑤池金母對紅衣小女孩的解讀。

首先，紅衣小女孩與一般鬼魂或魔神仔有明顯的不同之處。一般的鬼魂通常局限於特定空間，可能只在某個房間或小範圍內出現，而魔神仔的活動範圍則可能涵蓋整座山頭。然而，根據各地的目擊報告，紅衣小女孩的出沒範圍遍及全台灣，從台中大坑到宜蘭、高雄都有它的蹤跡。這種能夠跨區域出現的特性，使它與鬼魂或魔神仔有所不同。

其次，關於三位目擊者的證詞，有一個關鍵的時間點需要釐清。他們看到協尋紅衣小女孩的節目時，已是節目播出多年之後。當時網路尚未普及，也沒有YouTube或社群媒體，這代表他們不是在看過影片後才「認為」自己遇到紅衣小女孩，而是在多年後看到協尋節目時，才驚覺自己曾經遇見的正是紅衣小女孩。這種「後知後覺」的特性，反而讓他們的證詞更具可信度。

無極瑤池金母如是說——紅衣小女孩

世間的戰爭和災難奪走了無數生命，許多人帶著放不下的憤怒與怨恨離開。這些情緒不會隨著死亡消失，反而會累積成一股強大的怨氣，無處宣洩，久久不散。這也是為什麼需要舉辦大型超渡法會，與其說是超渡亡靈，更重要的是化解這些怨氣，避免它們影響陽間的秩序。

要理解靈魂，得先明白「氣」的概念。靈魂其實是氣凝結而成的精神體，所以談氣，就是在談靈魂的本質和組成。

山林的詭異氣場

這些怨氣特別容易聚集在山區，原因很簡單——山裡沒有都市的電磁波和光害，空氣純淨，環境陰涼潮濕，更容易留住這些能量。下過雨的山裡常瀰漫著一股涼涼的氣息，原本只是水氣，但如果碰上因戰爭或屠殺殘留的怨氣，就會凝聚成特殊的氣場。

特別要注意的是，進入歷史悠久、存在數百年甚至上千年的古老山林時，更需要謹慎。這些地方的靈氣與人的靈魂本質相似，而人的靈魂本就是由氣所構成，所以在這些氣場濃厚的地方，靈魂特別容易受到影響。進入山林時，最好避開那些長年籠罩著霧氣的山頭，以及幾乎見不到陽光的區域。許多人在這些地方迷路，並不是單純的方向感問題，而是因為這種氣場會干擾人的意識，使人感到恍惚。

在這些陰氣較重的山林裡，有些人會看到不存在的景象，或是過世的親人、朋友，甚至是曾經死於這片土地的亡魂。這些影像並非幻覺，因為逝者的靈魂也是氣所化，而當人的意識變弱時，靈魂之氣就會與這些氣場產生共鳴，因此能夠感知到這些存在。

所以，在山裡見到這些景象時，不必過度驚慌，它們只是氣的顯現。本質上，這些怨氣是稀薄的，真正需要注意的是習慣都市生活的人，因為缺乏修煉，到了山裡更容易意識渙散，靈魂之氣外洩，反而比當地人更容易迷失在山林中。如果能理解這些道理，那麼就會明白，紅衣小女孩的出現與「氣」有著深厚的關聯。因此，現在我要向世人揭開紅衣小女孩不為外界知曉的謎團與真相。

紅衣小女孩到底是真是假？

紅衣小女孩絕非人類臆想的虛構傳說，而是真真切切存在的實體。它的存在，與台灣自古以來的獨特地形地貌，以及這片土地上百年來在無數戰場中慘死的亡魂有著密不可分的關係。

台灣山勢濕重、林木密生，瘴氣與靈氣在其間交錯流動，幽谷深澗常年不見陽光，陰濕之氣極易沉積，成為靈氣匯聚之所。這些人跡罕至的地方，因為天地之氣失衡，自然成為各種精靈聚集的靈穴。而這座小島，自古以來歷經過多次戰爭，從原住民的抗爭、鄭氏王朝的征戰，到日據時代的衝突，特別是那些死於戰亂、被草草埋葬甚至無人收埋的靈魂，怨氣無法輕易散去。無數生命在這片土地上流血犧牲，這些亡魂的血氣深深滲透進大地之中，隨著歲月流逝，與濃烈的怨氣交織融合，最終在山林間凝聚成厚重的怨氣場。

紅衣小女孩正是從這片承載著歷史傷痕的土地中，由怨靈與血氣所凝聚而成。它不是由人類死後所幻化的鬼靈，更不是由天地之氣所凝聚的妖魅，而是承載著這片土地上先人的怨氣、記憶與創傷的獨特存在。

因此，人們對它存在與否的質疑，反映了對靈界奧祕的無知與偏見，僅將目光停留在鬼怪妖魔的表象認知上，未能洞察台灣這片土地所蘊含的深層靈性能量與歷史因果。

為什麼它穿著紅衣褲？

那是因為它是由血氣幻化而成，而這些血氣來自生死交界那股極為強烈的能量。經過數百年，這些邪氣逐漸積聚，最終凝結出一個人形。在之前有說過：「『人』之所以被稱為萬物之靈，是因為這個形態能最完整地展現天地間最高的靈性特質，可說是宇宙造化的

精華。」（請參閱上一節〈山靈密境：魔神仔遺蹤錄〉）

為什麼它會幻成人形？

人作為萬物之靈，其意念具有極強的塑形神力。當人們長期在這些特殊地形中活動，他們的意識、情感、念頭如無形的霧氣般在空間中層層積澱，與周圍的天地靈氣產生深度共鳴。經年累月，這些人類的意念波動會在台灣某些陰氣大量聚集的地方不斷沉積，留下愈發厚重的能量印記，逐漸改變該處的氣場結構。天地間遊離的陰靈之氣便如磁石吸鐵般，依照這些由地形與意念共同塑造的氣場聚形——原本散漫無序的靈氣，在地理環境與人類意念的雙重作用下，開始按照特定的形象進行重組凝聚，最終顯化成形。

形體穩定性的差異

一般來說，這類邪氣的聚集並不穩定，會隨著周圍氣場的變化而時聚時散，猶如水中的月影，風一吹便消散無蹤。魔神仔之所以能夠顯現形體，必須打破天地自然之氣的定律，並經過無數歲月才能幻化成形。即便如此，它們仍依賴特定區域的天地之理來維持存在，當氣場波動時，形體便會受到影響，發生變化。

魔神仔與紅衣小女孩的本質差異

魔神仔屬於精怪一類，由區域性的天地自然之氣凝聚而成，因此保持著接近自然的形態特徵。紅衣小女孩則是台灣這塊土地上無數冤魂怨氣的凝聚體，從靈格層次來說，已超越了一般鬼魅精怪，蛻變為更高階的靈體形態。

兩者最根本的差異在於能量來源：魔神仔依靠山嵐霧氣、草木精華等自然之氣，通常保持著猴子或其他精怪的原始形狀；而紅衣小女孩則像黑洞般吸納了無數人的執念、怨恨、絕望與恐懼，經過漫長歲月的積累，已能穩定地維持人形，並具備複雜的情感記憶和幻化能力。這種過程類似於修煉者透過長期的精神修持而達到更高境界。

當一個靈體能夠完全凝聚成人形，並擁有接近人類的思維模式時，它已不再是單純的精怪，而是一種既保有超自然能力，又具備人性特質的高等存在。

為什麼它能在全台各地出現？

從極早的時代開始，這塊土地上從未真正平靜過——部族之間互有殺戮，族群之間爭奪生存空間，同族之間為了權勢與利益相互殘殺，外來政權帶來的壓迫與屠戮，更將這片大地的血氣推向極致。未被說出的歷史沉入山林，未被安放的死化為執念，層層疊進地脈之中。

這樣的地帶遍布全台——從北部的山區到南部的丘陵，從東海岸的峭壁到西部的平原邊緣，無處不是承載著歷史亡魂的墳場。然而，真正讓紅衣小女孩能夠橫跨全台的，是台灣獨特的山脈系統。台灣這座島嶼的中央山脈為其脊樑，眾山支脈則為經絡，連通台灣各地山區。山脈所至，流轉無形之氣，而凡有冤魂血氣之地，皆能藉此脈絡相通。四面環海的封閉格局，形成天然的聚靈之陣，使得這些怨氣無法消散，反而在山脈中循環不息。

正因為山脈相連，紅衣小女孩得以順著這些凝聚怨氣之處的氣脈通道，神出鬼沒於任何一處。無論是北部的廢棄礦坑、中部的古戰場、南部的亂葬崗，還是東海岸的落海亡魂聚集處——只要有足夠的陰氣與執念，它便能循著山脈瞬息而至。

於是，紅衣小女孩就在怨氣與血氣的交融中悄然化形了。沒有人知道它最初是如何出現，也無法預測它下一次會在哪裡現身——因為台灣凡有先人怨氣不散之處，便是它能踏足之處。

那麼，進入深山是否會被這股血氣影響或干擾呢？

如果經常進入深山修行，或前往山中廟宇參拜的人，聽到以上說明，或許會感到一絲不安。但也不須過度緊張，記得，在這些地方，保持自身氣場的穩定至關重要。上山時，務必攜帶艾草、芙蓉草、黃耆或安息香等具有強烈香氣的植物，不僅能驅散身上的陰濁之氣，也能讓氣場更為穩定。這些植物的作用，就像中藥能化解瘀血一般，能幫助排除積聚在身上的不良能量。黃耆能補氣驅寒，在陰氣較重的環境中特別有幫助；安息香則能安神定氣，讓意識保持清明，不易受到外在氣場的干擾。

端午節配戴香包的傳統，其實也是源於這樣的道理。香包裡的中藥材能夠調整氣場，特別是在山林、溪流、水潭等陰氣較重的地方，就像為自己設立了一層保護屏障，避免受到環境影響。人的氣場會隨著環境變動，若能透過這些天然的香氣穩定自身，就像船拋下錨一般，能讓身心保持平衡，不會輕易受周遭能量影響。

修煉與參拜

同樣地，當人們選擇在深山修煉或參拜山中寺廟，若沒有做好準備，也容易被陰邪、血氣干擾。

修煉與參拜的關鍵，在於自身的準備是否充足，核心在於調整氣場與心念。修煉並非不能進行，而是需要方法得當，準備充分。這些準備可分為兩個層面：身體的淨化與心靈的淨化。

在日常生活中，五穀雜糧與肉類皆可食用，但若準備進行修煉，應逐步減少帶血的肉類，以降低體內的濁氣與雜質。尤其在飲食選擇上更需謹慎，海鮮類中，無殼的魚類如鯛魚、烏魚等因腥味較淡，可適量食用。但帶殼的海產則不宜，因為這些甲殼類的外殼由鈣化物質構成，較難消化，可能影響氣場穩定。修煉前，建議以五穀和蔬菜為主，讓身體逐步調整，維持輕盈與純淨的狀態。

內心的清淨與身體的淨化同樣重要。需遠離穢氣與干擾，例如避免觀看充滿負面能量的內容、不沉溺於無謂的爭論與紛擾，讓思緒保持純淨。這是因為氣場遵循「同性相吸、異性相斥」的原則，若自身帶有濁氣，便容易吸引相同頻率的能量靠近，甚至影響修煉過程。紅衣小女孩這類靈體的氣場偏向陰濁，若修煉者本身氣場不穩定，或未經充分準備，便可能受到影響。因此，若見紅衣鬼靈，務必迴避，因其代表極度危險。

除了修煉的準備，還需考量當今社會的修行環境是否仍適合真正的修行者。過去，修行者能在深山古剎中靜修，吸收天地靈氣，但現代社會的修行環境已經大不如前。主要有三個原因：

首先，山中的廟宇越來越多，香客和遊客絡繹不絕，廟裡變得熱鬧吵雜。人多了，氣場就亂了，靈氣無法凝聚，修行人也難以靜心感應仙佛的願力。

其次，科技發展帶來大量電磁波、網路訊號和通訊設備，這些人造能量充斥四周，干擾氣場，讓修行變得更加困難。現代廟宇大多用水泥建成，氣不易聚集，與過去的木造、土石廟相比，能量場較弱。

最後，傳統修行講求飲食清淨，例如一日一餐，但現代人習慣了三餐飲食，突然改變常常無法適應。若沒有提前調整身心狀態，勉強清修反而會出問題。

不過，山中的廟宇本身並不危險，因為都選址在吉祥的寶地，不會建在陰氣重的地方。因此，不必擔心邪靈出沒。真正需要注意的，是修行人的自身狀態，若身心準備不足，才容易受到環境影響，迷失方向。

宇色，透過你的書，希望大家對紅衣小女孩的印象可以改觀。不要單純地將它看成是精怪或鬼魅。它的出現在提醒世人，過去的血淚沒有消失。所以，與其害怕它，不如想想它代表什麼——這塊土地受過的傷、發生的故事——把害怕變成理解，把遺忘變成憶起，讓紅衣小女孩的故事，變成對台灣與過去歷史的尊重，以及對這塊土地的關心。

宇色透視

聆聽完無極瑤池金母的開示後，我心中升起矛盾卻深刻的感受。

祂肯定了紅衣小女孩作為精怪的存在，但祂也以極深的洞見點破我們對靈異現象的片面理解。祂指出，紅衣小女孩並非孤立的靈體，而是台灣集體意識長期壓抑與未解情緒的凝聚，是個人內在與這片土地共同記憶的化身。

當我聽到這句話時，內心非常震撼。我們常常用鄙視的眼光，去看待我們認為邪惡的東西。但其實，這些東西跟我們是同根同源的，是我們歷史中的一部分。不管紅衣小女孩是不是真的由台灣古戰場上那些亡魂的血氣凝結而成，但從人類集體意識來看，它就是我們台灣歷史的一部分，也是我們祖先血脈的一部分。紅衣小女孩代表著一段沒有被正視的悲傷歷史，就像那些守護山林的山神、鬼魂一樣，它的出現告訴我們：有些存在已經被世人遺忘，有些傷痕還沒被治癒。

所有焦點都集中在它那張像老太太一樣的臉上，綠青、詭異，讓人害怕，卻沒注意到它身上那個圖案——一隻米老鼠。它穿著紅衣紅褲，樣子詭異、氣場濃重，讓人第一眼就聯想到怨氣和災厄。但一個全身凝聚著血氣與怨念的靈體，卻在胸口留下了象徵童心與天真的符號，這樣的存在真的會害人嗎？也許我們從頭到尾都錯看它了。

無極瑤池金母的慈示讓我重新看見，我們對紅衣小女孩的恐懼，很可能只是對未知的反射。它所承載的，可能是我們壓抑的情緒、潛藏的恐懼、未竟的理解。而當我們試圖去解釋、歸類、定義它的時候，也正是我們限制了自己的心靈感知。若能放下對它「是不是存在」「會不會害人」的執著，讓它只是靜靜地停留在我們的記憶中，也許能更靠近真正的平靜。

如果你讀到這裡，心中仍有疑慮，沒有關係。在這個章節中，我並沒有要強迫你相信紅衣小女孩究竟是什麼樣的存在，也無法透過這短短的文字，讓你完全接受無極瑤池金母的開導。但有一點，我覺得你可以很肯定且放心地去做：當你還未親身經歷、無法確認的事物，便不妨抱持一種「懸而不論」的態度。懸而不論的意思是——你清楚看到這件事，但不要立刻下結論或做任何判斷。你只是靜靜地看著它、觀察它，不抗拒，也不接受。當你的心不急於下定論，就不會陷入恐懼、不安或矛盾之中。這樣的心，才能真正看清事物的本來面目。

當我們如此看待紅衣小女孩時，或許便能心平氣和地與這個台灣獨有的靈體共存，內心也不再投射負面的陰影與恐懼。面對紅衣小女孩，與其說是靈異，不如說是一種心靈的照見。安住當下，不逃避、不追求，我們就能找到內心的平靜。真正的修行，是放下恐懼，喚醒內在的力量。

探問

①從靈學角度來看，紅衣小女孩屬於何種靈體類型？

紅衣小女孩的靈體已經超越了一般鬼魂或魔神仔的等級，它具有相當的意識，甚至展現出人性的特質。它能夠主動選擇現身的時機和對象，不受區域性的限制，已經進化到具有人性的高階靈體。那麼，它是否能定義為魔？從無極瑤池金母的開示，以及我淨觀所見，它並無魔性，所以不會將它定義為魔。

②為什麼怨靈多以紅衣現身？但台灣卻認為紅色為吉祥色？

許多人或許會疑惑，為何民間傳說中的怨靈，往往都身著紅色衣物？甚至連母娘都曾告誡：若見紅衣鬼靈，務必迴避，因其代表極度危險。因此，若在山林中見到紅衣鬼靈，應特別謹慎，確保自身氣場穩固，避免被外在能量擾動。然而弔詭的是，台灣傳統宮壇、寺廟中，紅色卻象徵著吉祥與庇佑。這看似矛盾的現象，實則蘊含著深層顏色能量學的原理。

紅色是光譜中的原始色彩，無法由其他顏色調配而成，屬於最極致、最根本的顏色，承載著強烈而純粹的能量。正如太陽之光呈現紅色光譜，具備淨化、清潔與驅散陰霾的力量。因此，當人運勢低迷時，穿戴紅色物品能夠提升氣場，避開厄運，招引好運。然而，顏色是中性載體。紅色雖蘊含極致能量，但一旦與人的意念結合，便會將該意念無限放大。這正是為何許多尋短者選擇穿著紅衣了結生命後，往往化為極其強大的怨靈——其怨氣與紅色能量相融，威力倍增。紅衣小女孩的成因亦是如此，它由血氣與怨氣凝聚而成，紅色衣物是本質的外在顯現，更將血氣與怨念的能量推向極致。總而言之，紅色作為極致顏色，其真正的力量展現，端賴與之結合的意念本質。善念與紅色結合，則為庇護與吉祥；怨念與紅色交融，便成危險與禍害。

③它會帶來災厄嗎？

事實上，紅衣小女孩的出現並不會帶來實質的傷害。仔細檢視那三個目睹過它出現的人，僅有一人發生不好的事情，可見所謂的厄運，多來自於心理層面的恐懼。這些故事中的人物，並非真正遭遇到外界的災厄，而是他們內心的恐懼被放大，導致了一連串負面的反應。那麼為何目睹者會發生不好的事情？其實真正的災厄並非它所造成，而是目睹者自身氣場、情緒、精神受到干擾後，在心理恐懼的驅使下引發的一連串負面事件。

④面對紅衣小女孩的出現，我們應該怎麼看待？

首先，要以平常心看待，紅衣小女孩並非邪魔或是帶有惡意的存有，它只是這片土地上歷史創傷的顯化。若真的遇見，不必驚慌或逃避，保持內心的平靜與尊重，以同理心理解它所承載的痛苦。其次，要明白它的出現往往與特定的地理環境和能量場有關。這些相遇多半發生在山區或具有特殊歷史背景的地方，並非隨機的災厄降臨。

前提是，在日常生活中，當你能夠時刻安住於自己的生命，保持內心的力量與正氣充盈，便不容易與鬼怪、妖精，還是紅衣小女孩相遇，就算在山區與它們相遇，它們也都不會對你帶來實質的災難或厄運。

更重要的是，它們多半局限於特定山區。對於現代都市中的人們來說，遇見它們的機會微乎其微。與其畏懼它們，不如反思它們背後所代表的意涵。如此，反而能讓自己更接近內心的平靜，將恐懼轉化為理解。

⑤為什麼我們對紅衣小女孩感到特別害怕？

紅衣小女孩之所以令人恐懼，源於它顛覆了我們對「小女孩」的既定認知——童稚身形配上青黑老態面容，這種視覺衝突如鏡子般映照出內在深層的恐懼。

然而，真正的恐懼來源並非形象本身，而是「未知」。我們對精怪、亡靈等超自然存在的害怕，本質上都是對未知的恐懼，再加上媒體渲染與集體心理投射，才讓紅衣小女孩成為特別強烈的恐懼符號。

然而，當你真正聆聽過無極瑤池金母的教導後，還會對它感到恐懼嗎？如果你認同並接納這些觀點，那麼當他人再度提起它時，不妨試著從這篇教導中出發，用更正面的角度去傳遞正念，而不是讓台灣的下一代因為無知，繼續陷在恐懼的循環裡。

理解，是化解恐懼最有力的方式。

靈妖幽境：千年狐仙的媚惑

狐仙是真的存在嗎？牠到底是仙還是妖？

說到狐仙，很多台灣人都不陌生吧！從小到大，我們總會聽到狐仙的傳說，特別是在《聊齋志異》裡頭。現在很多人都認為狐仙和感情特別有關係，常常看到感情不順的人，或是傳說中的「小三」會去拜狐仙。

但你知道嗎？台灣其實根本沒有狐狸！日本人在統治台灣時做過調查，發現台灣真的找不到狐狸。那狐仙信仰是怎麼來的呢？

原來是一九四九年後，隨著很多中國人來到台灣，狐仙信仰才一起「搭便車」來的。不過在台灣，大家比較習慣拜土地公、媽祖這些和農業、海洋有關的神明。再加上狐仙主要是中國北方的信仰，所以在台灣一直沒有特別流行起來。

在中國清朝末年的時候，有些家庭會把狐仙當成是家裡的「貴人」，請狐仙幫忙處理家裡大大小小的事情。他們相信拜狐仙可以帶來財運、豐收，還能保佑子孫興旺。有些人家的神桌上還會擺放狐仙全家福的畫像，畫中的狐仙們都穿著朝廷官服，還分成老、中、青三代，有胡三太爺（就是狐仙老爺）、胡三奶（老夫人）和狐女（仙姑），就像一個完整的大家庭。

不過要提醒大家的是，狐仙的力量其實很有限，不能期待牠帶來永久的財運和平安。拜狐仙比較像是一種短期的「互助關係」，想要停止祭拜的話也比較容易，不會像養小鬼或泰國古曼童那樣，會有很多後遺症。

聊聊日本神社裡的狐狸

台灣人在日本旅遊時，常被神社裡的狐狸吸引目光，特別是在稻荷神社，狐狸的身影處處可見。日本全國有八萬多間神社，其中稻荷神社占了三萬多間，是數量最多的神社類型。那麼，稻荷神社究竟供奉的是什麼神明？狐狸在其中又扮演什麼角色？

「稻荷」的字面意思是「背著稻穀、果實」，其信仰根源於日本傳統的泛靈信仰，相信萬物皆有靈性。稻荷神作為掌管穀物與食物的神明，象徵著豐收與繁榮。在農業社會的日本，稻荷神社的普及正是對農業豐收深切期盼的具體展現。

狐狸與稻荷神社的淵源則來自古老的傳說。在神道教的世界觀中，神明會選擇特定動物作為使者，而狐狸正是稻荷神的神使。

而日本多山的地形使得狐狸數量遠遠超過山貓，但牠們不吃稻米與農作物，反而是捕食危害農作的老鼠，成為農民的天然守護者。這種特性讓狐狸逐漸被賦予智慧與靈性的象徵，代表著人與動物靈無形的共存關係。

在日本民間信仰中，狐狸的地

日本隨處可見的稻荷神社

位多元且充滿神祕色彩。人們甚至認為狐狸具有占卜吉凶、消災解厄、預知未來的能力，甚至能治療病痛，因此才會被尊稱為「狐仙」。然而，「稻荷信仰」的核心依然是稻荷神本身，狐狸僅作為傳達神意的使者。這些狐狸形象不僅體現了日本人對自然與動物靈的敬畏，也構成了日本獨特的鬼怪文化。

此外，日本早期農村還流傳關於狐狸的恐怖儀式，稱之為「持狐」（持ち狐）。這是一種透過圈養狐狸並與其建立無形契約，以求財富、感情、家族興盛或願望實現的儀式。這類儀式背後涉及極端且不人道的方式，會在狐狸壽命將盡時直接屠殺牠，讓牠們的魂識保留在死前瞬間，將其骨灰封入特製容器，透過收攝力極強的術法鎖住靈魂，使其無法投胎，永生永世被人類操控，這些狐狸靈被認為能干涉與逆轉命運的能力，為持有者帶來財富與地位。

然而，這種無形契約因涉及靈體操控，而被視為日本農村不可公開的禁忌。在早期，如果有某些家庭突然暴富，街坊鄰里便猜測他們可能是持狐者。然而，這類富貴被視為「妖物之財」，也帶有濃厚的不祥意味，不僅持狐者及其家族會被鄰里瞧不起與誣蔑外，也有可能因以不人道方式殘殺具有高度靈性的狐狸，而害後代子孫蒙受厄運，與招來一連串難以理解的靈異事件。

雖然這一種習俗已經慢慢淡離農村，但也同時反映了人類對操控無形力量與動物靈的渴望，與東南亞地區的「養小鬼」習俗有異曲同工之妙。

狐狸在日本文化中同時扮演稻荷神的神使與妖異的靈體角色，象徵自然界的神祕力量。「持狐」的傳說也提醒人們，靈性契約往往伴隨代價，這成為人與靈界互動的最具代表性的神祕象徵之一。

祭拜是與天地合一的召喚，
不是逃離人性，而是喚出神性。
看懂其象徵，我們便能超越舊我，
重塑生命的界線。

關於狐仙的真實性，有許多親身經歷的描述。這些故事往往帶著神祕、難以置信的色彩，但對曾經與狐仙有所接觸的人來說，那些經驗是真實的、忘不掉的。或許，我們應該用更開放的態度來看待這樣的存在。因為狐仙不只是妖，也不只是怪——牠可能是人與靈界、大自然之間，一種微妙的連結。

遍照金剛——空海大師與白狐狸相遇

在東密創辦人空海大師年輕時期，有一段神祕而感人的際遇。那是一個寒冷的冬日，他在深山中修行，積雪已經快到膝蓋。天色漸暗，大雪紛飛，空海大師在廣闊的山林中迷失了方向。

隨著夜幕降臨，寒風愈發刺骨。大師已經精疲力竭，感覺自己的生命正在這片雪山中逐漸流逝。就在他飢寒交迫、生命垂危之際，前方突然出現了一道奇異的光芒，在漆黑的夜色中顯得格外醒目。定睛一看，原來是一隻散發著金色光芒的白狐狸。這隻神奇的白狐狸站在雪地上，姿態輕盈，彷彿完全沒有重量。牠用柔和的眼神注視著空海大師，不時回頭張望，似乎在示意大師跟隨。空海大師心想，或許是上天不願他命絕於此，特地派遣神使指引。於是他鼓起最後的力氣，跟隨這隻白狐狸前進。白狐狸在前方帶路，刻意放慢腳步等待著大師。就這樣，一前一後，他們穿越了迷霧重重的森林。

當他們終於走出森林時，白狐狸突然停下腳步。就在空海大師想要道謝的瞬間，白狐狸化作一道金光，消失在夜色之中。這神奇的經歷讓大師深受感動，他堅信這是稻荷神的顯靈。為了感謝神靈的救命之恩，他決定在此地建立神社，這就是後來聞名的伏見稻荷大社的由來。

上述這個動人的傳說，不僅在日本民間廣為流傳，也解釋了為何在日本的稻荷神社中，總能看到成對的狐狸石像守護在神社入口。傳說中的這隻白狐狸，被認為是眾多稻荷神使者中的領袖，被稱為「御使い（おつかい）」。

聖僧度化靈狐的奇緣

在探索靈異世界的過程中，時常會遇到一些難以解釋的奇遇。以下的故事，正展現了這樣的神祕色彩。

這一則故事是由蒙山法脈宗師宣化上人親自口述。宣化上人，俗名白清海，生於一九一八年，是當代佛教界一代高僧，十二歲就開始茹素修道。他一生行腳天下，在美國創立了萬佛聖城，度化無數眾生。上人的修為深厚，一生淡泊名利，對佛法的闡釋與見地都極為獨特。

宣化上人年輕時，在中國東北遇到了一件相當奇特的事。當地有一群白色的狐仙，數量多達八百多隻。牠們看起來和平常人們印象中的狐狸完全不同，不吃肉、不害生，甚至還幫人看病，治療從來不收錢。村裡的人非常敬重牠們，時常供奉香火，但牠們什麼都不要，只專注於行善與修道。有一次，這群狐仙告訴村民：「我們在這裡的日子不多了，三年後要跟隨師父去修行。」村民很好奇，就問牠們的師父是誰，但狐仙只是說：「時候到了你們就會知道。」

三年後，上人到親戚家拜訪時，一隻狐仙附在他親戚身上，開口請求皈依佛門。牠自稱是當初贈醫施藥的狐仙之一，還說上人曾跪求藥物，但因為上人身上散發出金光，牠完全看不清楚他的模樣，因此沒辦法給他藥。上人聽後不但沒有怪罪，還收下了牠們所有狐仙為徒弟。當天，八百多隻狐仙一起皈依，成為佛門的弟子。

皈依後，上人安排牠們到東北蛟河市的拉法山去修行，讓牠們不再執著於人間的事。

從那天起，那個村子就再也沒有狐仙看病了，這讓村民們非常不滿，覺得上人「帶走了他們的先生」。但上人堅信，這群狐仙在佛法中修行，才是牠們真正的歸宿。

以宣化上人這樣一位得道的高僧來說，故事造假的可能性應該極低。他的修行境界早已超越常人，而許多得道高僧或修行有成的人，的確常會遇到一些離奇且外人難以理解的事蹟。這些經歷，從表面看可能匪夷所思，但站在靈性修行的角度來看，卻是再正常不過的現象。

作為一名修行者，尤其是一位佛教的修行者，在普度眾生的過程中，所秉持的正是悲天憫人、同體大悲的精神。對於這樣的修行者而言，有緣的眾生並不僅限於人類。天地萬物之間，一切有情眾生皆能因緣而接引，無論是人還是動物，甚至在我們看來難以理解的存在，都是修行與度化的對象。宣化上人與狐仙的奇緣，正是佛法「普度眾生」精神的最好體現。這提醒我們，當我們以開放與敬畏的態度看待萬物，更容易發生難以言喻的超感經驗。

靈乩前輩與山中狐仙相遇記

這樣的神奇經歷並非個案。在早期，我曾經結識一位靈乩前輩，他在靈修的道路上造詣深厚。有一次，偶然間談及狐仙的話題。他語帶神祕地向我分享了一個親身經歷：他曾親眼目睹狐仙顯現，那是一段無法用理性解釋的奇異經歷。這個故事，要從他人生的最低谷說起。

那是他生命中最黑暗的時期。當時，他失去了一切——家產被敗光，感情生活一片空白，生命似乎已經走到了盡頭。在那個只剩下死亡這條路的時刻，一位同為靈乩的老前輩向他提出了建議：「既然你連死都能接受，不如去閉關吧。」這位老前輩看出他具有靈修的特殊因緣，於是點化他上山閉關。對於已經一無所有的人來說，或許這是最後也是唯一的選擇。於是他到了一座人跡罕至的寺廟，開始了他的閉關生活。

每天，他只在正午時分用餐，其餘時間都在打坐。由於寺廟平日少有香客到訪，他得以專心致志地進行修行。他對生命徹底絕望，反而讓他能夠完全地沉浸在打坐之中——沒有雜念，沒有妄想，就像一片已經枯萎的落葉，安靜地躺在那裡。在這樣的境界中，時間彷彿失去意義，每一次打坐都恍如只過了幾分鐘。

某日，他到寺廟後山散步。在山中小徑上，他發現前方站著一位老人。起初他並未在意，但之後每次去後山，都會遇見這位老人。漸漸地，這種巧合引起了他的好奇。更奇妙的是，不管他如何加快腳步，這位老人總是與他保持一定的距離。他原本以為，或許是因為老人對山路太過熟悉，才會像都市人在平地上行走一般自如。最後一次相遇時，或許是因為他的誠心已到，那位老人終於不再與他保持距離。當他趨前搭訕，詢問老人的來歷時，老人竟然毫不隱瞞地告訴他：自己是一位狐仙，已在這深山中居住了無數歲月。

在與那位老人的對話中，靈乩前輩了解到狐仙與人類世界的微妙關係。原來，狐仙與人類的共處由來已久，牠們並非完全與世隔絕地在深山中生活。相反，牠們經常會下山造訪城市，觀察現代人的生活百態。雖然牠們不食人間煙火，卻保持著對人世的關注與好奇。然而，狐仙們在都市中停留的時間總是有限。城市的污染，加上人類的身體因食用五穀雜糧而散發的特殊氣味，都讓牠們無法長期駐留人間。因此，牠們總會在一段時間後就必須返回山林。

當我好奇地詢問如何辨識都市中的狐仙時，靈乩前輩笑著告訴我一些有趣的細節。他說，不論狐仙如何變化，牠們的穿著總是帶著一種特殊的年代感——既不會太過古樸引人注目，也不會追隨現代的流行時尚，而是保持著恰到好處的古雅氣質。在飲食方面，牠們也有獨特的習慣。狐仙們不食熟食或肉類，而是偏好水果和生食蔬菜。這與牠們的修煉境界有關，到達某個層次後，牠們就會遠離葷腥熟食。

最特別的是牠們的飲水方式。當時我們正在一處偏僻的山區談話，靈乩前輩指著遠處的山頭，示意我注意觀察縈繞於翠綠山巒間的雲霧。他解釋，狐仙不飲用一般的水源，因為那些水多已受到污染。相反，牠們會吸取山間最純淨的霧氣。「你要仔細觀察山中的山嵐，」他解釋，「一般的山嵐會隨風飄移，但若那處有狐仙居住，山嵐便會比較凝固不散。因為狐仙會吸收山嵐中最純淨的水分來飲用，這就是為什麼某些山頭總是終年霧氣繚繞，那很可能就是狐仙長年居住的地方。」

聽完這位靈乩前輩的話，你會不會也開始猜想——台灣有沒有哪裡的霧，好像從來不曾散過？近年來，我實地走訪北部的陽明山、中部的阿里山，還有東部那幾條連著太魯閣山脈的深山處……試著尋找狐仙留下的痕跡。

有些地方的雲霧，凝在山腰，像是守著什麼不肯散去。

無極瑤池金母如是說——狐仙

修仙這條路，看起來簡單，其實可深奧了！很多人誤以為死後變成鬼，就能慢慢修成仙，這想法可不對。要知道，當了仙還是會帶著人的一些想法，這跟神的境界可是差很多的。「仙」就是一種介於人與神的靈體，大家說修煉可以成仙，但仙還是會有人間的慾望。雖然比一般的靈體純淨，但還是比不上聖靈，畢竟還擺脫不了人間的牽掛。拿鬼魂來比較的話，鬼魂就是帶著生前的回憶和感情活在人間，而仙的境界比鬼魂高多了，能夠漸漸放下俗事，有更高的智慧，心思也更清明。

不過，神的境界已遠遠超越人間所能理解的一切，所以即便修成仙，也難以直接觸及神的層次，因為那已超脫了形與念、超越了存有與空無。正如凡人無法真正明白仙的世界，仙也難以窺見神的全貌。那不是隔閡，而是維度上的差異。

生前與死後修煉之別

仙是比凡人厲害多了，但還是要經過好長一段時間的修煉跟改變，才能真正明白生命更深層的真理。如果放不下執著，就算成了仙也只是停在某個層次的靈體而已，還沒有真正解脫。

說到動物成仙，跟人類是不一樣的。比方說狐仙，牠們一定要先捨棄肉身才能開始修煉，因為其本質跟人類本來就不同。人類無法捨棄肉身直接成神，但是人死了之後，經過修煉卻可以成仙。死後成仙是什麼意思？就是靈體一層一層地磨練，慢慢去掉世俗的煩惱，變成更高層次的存有。

人們常說，一些行善積德、為人著想的好人死後被祭拜，便能成為地方神靈。這其實是個常見的誤解。即使這些人死後繼續修煉，也頂多能達到「仙」的境界，尚未足以成神。要走上真正的成神之路，必須在活著的時候就具備高度覺悟，並持續不斷修煉，直到死後才有可能晉升至神的層次。

神的境界太高深了，祂們的存在方式和運作法則，一般人根本沒辦法理解。想要成神，死後不易修煉，這是天地間重要的規律！要注意的是，仙終究會回到人間，因為還沒到神的境界，仍無法跳脫因果循環。

狐仙的形成與本質

了解狐仙之道，就能看清其中真意。狐仙其實就是動物死後因心念糾結而留在世間的靈體，這和人類的執念與祈望有著密切關係。世人對動物靈力總有許多期待，比如保護家園、帶來財運、讓五穀豐收、子孫興旺等願望，這些願望所形成的願力場域，宛如強而有力的無形鎖鏈，讓動物靈體難以超脫。古人祭拜動物靈，源於祖先代代相傳的動物接觸經驗和傳奇故事，讓人深信動物靈擁有強大的力量，加上對大自然力量的敬畏，因此祈求動物靈的庇佑平安。

看看狐仙的例子，牠的形成和民間風俗文化有密切關係。人們祭拜狐仙的傳統，形成了強大的信仰力量，讓死去的狐狸靈體沒辦法擺脫人間的牽絆。這種信仰力量束縛著靈體的意識，讓牠們沒辦法轉世投胎。從這件事就能看出，人類的信仰力量、執念和貪婪，深深影響靈界的運作。

狐仙的變化與局限

狐仙能幻化成人形，是因為長期存在人世間的緣故。這和「仙」的境界很像，「仙」

若長期停在人間，也會有這種變化。但要明白一個重要的事實：仙的形態終究會消散。仙不過是意識、意念和執著凝聚成的靈體。比起神永恆的本質，仙的靈格和意識層次其實很有限，最終無法帶來真正的解脫。

說到古今狐仙顯化的不同，古時確實記載過狐仙變成人形，但這和古人純樸的心性有很大關係。古人想法簡單，雜念較少，信仰意識一代一代傳下來，始終不變。這種傳統信仰就像封閉的意識圈，把人的思維限制在裡面。當這個意識圈中有對狐仙的信仰，就能和狐仙靈體產生共鳴，讓牠們幻化成人形。當人們的意識頻率和這類靈體相接，就能感受到這種形體的存在。要明白的是，狐仙並不是先有靈體再成仙，而是狐狸死後的靈體和當地祭拜狐仙的信仰結合，才形成具體的靈體。但這並不是否定狐仙的力量，相反，狐仙代表著人類信仰的傳承和百年文化，象徵著人類和宇宙、自然之間深層的連結。

雖然狐仙能實現人們小小的願望，顯現人們期望的景象，但這些顯現維持不了多久。更要明白的是，人們祭拜的狐仙，通常並非真正狐狸的靈體，而是信仰力量凝聚成的意識體。這就說明了仙的本質：並非永遠不變的存在，而是源於人們信仰凝聚成的靈體。

尋訪真正狐仙之道

要見到真正的狐仙，也就是狐狸靈體和信仰結合的靈體，不會在繁華的都市找到。牠們多半住在深山幽谷中，一般人很難找到牠們的蹤跡。這是因為狐仙需要特定的地理環境作為依靠。想找真正的狐仙，或想祭拜真正由狐狸靈體和信仰結合而成的靈體，就要找百年歷史的狐仙廟。

然而，時代變遷對狐仙信仰產生了巨大的影響。在中國大陸，因為文化大革命，許多珍貴且歷史悠久的廟宇古蹟都消失了。文革不只是一場改朝換代的政治運動，更是一次徹底的人類集體意識洗滌，不只毀掉了有形建築，更切斷了幾千年來人和靈之間細微的連結。

正確祭拜狐仙之道

有些人聽完前面的解釋，或許會想知道該用什麼態度來看待和祭拜狐仙。關於這一點，要先明白一個基本道理：狐仙信仰確實能帶來扭轉命運的力量，但不該把它只看作是情慾、愛慾或貪婪的祈求對象，也不應用來滿足一時私欲。相反，應該用更高的眼光來看：把拜狐仙看作是敬重天地、親近鬼神的一種表現，是人類和天地自然之間重要的橋梁。

雖然狐仙被稱為人間仙靈的顯現，但本質上是天地信仰的凝聚。這裡要特別說明仙和鬼的不同：鬼是因為執著世間怨恨或迷惑而無法超脫；仙雖然是善念凝聚而成，但還是受到人世牽絆的限制；而狐仙的特別之處在於，牠源自人類對天地自然的虔誠和敬畏之心所幻化，因此牠的靈格境界比一般靈體要高遠許多。

宇色透視

狐仙在民間信仰中常被視為神祕的動物靈，但根據無極瑤池金母的開示，拜狐仙的真正意義並非只是祈求庇佑，而是應以敬天地、愛萬物、臣服於天地的心態進行。正是因為這樣的心境，我們的靈魂才能自然地連結大自然、宇宙與靈性。其實，不只是拜狐仙，拜任何動物靈都該有同樣態度。動物靈並非低等靈體，牠們承載著古人對天地智慧的傳承，象徵著透過自然力量改變生命困境的可能性。

承如無極瑤池金母所教導的：「雖然狐仙被稱為人間仙靈的顯現，但本質上是天地信仰的凝聚。」正如古代學者董仲舒曾說：「神道設教，所以壹民也。是以聖人立象以盡意，設禮以崇敬，制法以壹之。」這句話是在教導我們：設立神明信仰是為了讓大家有共同的價值觀，團結一心。有品德的人會用具體的神像來表達深奧的道理，用各種禮儀來表示尊敬，制定規矩讓大家遵循同一套準則。

就以狐仙信仰來說，這就像是在提醒我們：拜狐仙不是只為了自己求財求福，而是透過這種方式學習尊重自然、理解生命的規律，感恩天地萬物。狐仙被尊稱為仙，正是因為牠代表著大自然的靈性和智慧，提醒我們人類應該懷著謙虛的心，與萬物和平共處。當我們膜拜神像或參與儀式時，真正的意義不在向神靈索取，而是透過這些象徵來連結天地，學習順應宇宙法則。

多年靈修路上，我始終對狐仙心存好奇。雖未曾親眼見過，卻有一次經歷，深深烙在我心裡。

那一次是在深度靜坐中，無極瑤池金母牽引我的元神穿越層層的雲霧，瞬間降臨台灣中部某座深山中，那是一處人跡罕至的祕境（具體位置不便透露）。我感受到空氣中瀰漫著濃厚的靈氣，那是一處一般人難以抵達的地方。眼前出現一塊巨大的青灰色岩石，我的靈視能力被無極瑤池金母加強，眼前景象忽然轉變——只見岩石下方的空間如帷幕般裂開，顯露出一方不屬於凡間的領域。在那裡，我清晰地看見了幾隻狐狸，牠們的身軀散發著微微白光，形體如煙如霧地變幻，時而清晰，時而虛幻。那絕不是一般狐狸，而是靈格極高的存在，牠們的能量壓迫感讓我的元神幾乎撐不住。我無法在那久待，若非無極瑤池金母的護持，我恐怕連近身觀察都無法做到。這神奇的相遇僅維持約莫幾秒時間，隨後我的元神便回到了肉身。

然而，我必須坦誠，這樣的超驗體驗絕非輕易可得。在無極瑤池金母願意引領我之前，我經歷了數年的心性磨練與靈修淨化。唯有放下了求見的執著，真正理解「敬天地、愛萬物」的本質，並且達到內心足夠的寧靜與純淨，無極瑤池金母才首肯帶我一探這神祕境界。神明並非為了滿足凡人的好奇心而展示天機，而是在你準備好承接這份能量時，才會揭開那道門扉。

無極瑤池金母告訴我，狐仙已經超脫世俗束縛，成為靈格極高的存在。因此，牠們不棲身在一般的廟宇，這也是為何我們難以見到牠們的原因。在《我在人間的靈界事件簿》一書中記載，當我以元神向其他神靈詢問此事時，也是得到如此答覆：狐仙一族愛好幽靜，在台灣的環境中，牠們的居住之地大多不是人類能輕易抵達之處，有些狐仙選擇修煉的地方甚至數年不見人類蹤跡。更何況狐仙生性敏銳，一旦聽見人類的聲音，就會馬上遁身而去，一般人又如何能輕易看到？

儘管有這神奇的經歷，我仍想了解更多關於民間狐仙的信仰，於是開始拜訪各地狐仙廟，希望比較靈修體驗與民間信仰的差異。在參訪這些廟宇過程中，我開始有了疑問。無極瑤池金母曾教導我，高靈格的狐仙通常不喜歡城市，甚至排斥人類氣息太重的地方。那麼，這些香火鼎盛、立於都市的狐仙廟，真的有狐仙駐守嗎？抑或其中供奉的，早已不是我們以為的那位「仙靈」？究竟是靈？是魅？是祟？或是別的什麼，我們未曾真正認識的存在？

但我更關心的是：人們如何看待狐仙。

很多人受戲劇或小說影響，常把狐仙想像成會勾引人的角色，說牠們會破壞姻緣、拆散家庭。但我認為，這樣的形象太片面，也太人性化。既然稱為「仙」，牠們的靈格應該早已不受情慾或利益左右。無極瑤池金母也告誡過我，真正的狐仙已超脫世俗，達到高度靈性覺醒。反而是人，常把自己的慾望投射在神明身上，甚至拜狐仙只是為了給自己的貪心找藉口。

關於狐仙更深的奧祕，我相信無極瑤池金母已給出比我更深刻的答案。祂給予我們的智慧，能帶你更接近那個真相，至於你將感受到什麼，就讓你的心去體會吧。

？探問

①狐仙真的存在嗎？

是的，狐仙並非虛構的幻想角色。根據無極瑤池金母的開示，狐仙是動物靈體在死後，因人類強烈的信仰投射與祭拜願力而形成的靈性存在，牠的本質是靈界與人類集體意識的結合體。這樣的靈體之所以顯現，是因為牠不僅承載人類對動物靈的敬畏，也映照出人與自然間深層的關係。狐仙並非鬼魂，也非神明，而是靈性階層中特殊的「仙靈存在」。

②狐仙是神還是妖？會害人嗎？

狐仙不是妖魔，也尚未到達神的境界，而是介於人與神之間的一種靈格較高的存在。許多人受戲劇與傳說影響，將狐仙與色慾、破壞家庭等負面形象劃上等號，這其實是一種人類情慾投射的誤解。狐仙早已超脫情慾與執念，其靈性已處於極高層次，遠非只為滿足私慾而存在的妖靈。如果人類以正念對待，牠們不會主動害人；反之，過度依賴與貪求，才是招致混亂的根本。

③為什麼台灣沒有狐狸，卻有狐仙信仰？

台灣本土其實並無狐狸棲息，這一點早在日本統治時期就有官方記錄。然而，一九四九年後，大量來自中國北方的移民將狐仙信仰帶入台灣，使這種源自華北民間的靈體崇拜得以在台灣萌芽。雖然在台灣社會中並未形成大規模信仰，但部分個人與靈修圈仍持續供奉狐仙，尤其與感情、財運相關的信願最為常見。狐仙信仰的形成與延續，其實是文化遷移與人類潛意識願望的綜合體現。

④拜狐仙真的有效嗎？從靈修角度如何看待這問題？

從信仰角度來說，狐仙確實有其顯化與回應的能力，特別在財運、感情或轉運上，有些人會感受到靈驗。但我個人不會特別膜拜，也不會向牠們祈求什麼，因為我認為真正的修行是回到自己，依靠元神與主神走那條路。

我曾遇過一位長期膜拜狐仙祈求感情的個案，他也詢問了我相同問題。我坦率地告訴他——狐仙是正在修行中的靈體，值得尊敬，但不是修行的依附對象。過度依賴一位仍在修煉的靈體，反而容易迷失，以為在修行，實際上可能只是在原地打轉。

但我知道，他需要仰賴狐仙給予力量支撐，我的觀點對他此時或許幫助不大。暫且不談論靈修如此高深的問題，我始終認為，生命最終還是要靠自己而不依賴外力。

⑤都是拜，都是祈求靈體，那拜狐仙和拜神明有什麼不同？

雖然膜拜的對象不同，但從信仰本質來看，拜狐仙與拜神明並無根本差異——都是在尋求心靈的支撐與力量。差別主要在於：

神明通常被視為已達圓滿境界的存在，而狐仙等動物靈則仍在修行路上。但無論膜拜哪一種靈體，關鍵不在於對象的高低，而在於信仰者的心態——是將其視為暫時的助力，還是永遠的依賴。

真正重要的是，任何外在的膜拜最終都應該引導我們回歸內在，培養自己面對生命的能力。當你膜拜任何對象時，要時時叩問自己一個關鍵問題：「我有讓自己的心更為寧靜嗎？還是因為太過依賴膜拜的對象而失去了自己？」這個問題，需要不斷地自我反問。

⑥ 怎麼知道自己拜的是「真正的狐仙」，而不是低靈或妖魅？

狐仙信仰的能量場層次不一，有些是來自高靈格的仙靈，有些則可能是混濁意念形成的魅祟。根據無極瑤池金母的開示，狐仙通常不喜歡城市氣場，也不願駐留在人類慾望太重的地方。若你所拜的狐仙要求大量供品、頻繁獻祭，甚至造成你依賴、疲累、迷失，那很可能並非高靈格的狐仙，而是能量低沉的魅靈。真正的狐仙能量穩定、溫潤且帶有靈性提升的引導力。若祭拜後內在越來越平靜、通透，才是與真正仙靈共振的象徵。

⑦真的有辦法「見到」狐仙嗎？牠們會在人間顯形嗎？

修行不是為了「看見什麼」，而是為了靜靜準備好自己，等那份不可預期的相遇自然而至。狐仙確實會在人間顯化，尤其在深山、靈氣濃厚、塵念稀薄之處。但無極瑤池金母曾明示，靈格高遠的狐仙從不輕易現身。當牠們選擇顯化，往往不是為了滿足凡人的好奇或祈求，而是因緣使然、天機所許。這樣的顯現，可能是一道轉瞬即逝的光影、一抹如霧如煙的氣場，或甚至在你靜心打坐中一閃而過的心念回聲。不是你「看見了牠」，而是牠在觀察你——觀察你是否靜定、是否清明、是否有足夠的誠意與穩重，去承接那一場人與靈之間微妙的交會。

因此，想遇見狐仙，不在於「想見」，而在於你是否已經成為那個能與牠們對話的人。不是憑渴望可求，亦非靠儀式可召，而是你的一念清明，觸動了山中靈性的回響。

修行從來不是為了追逐異象，而是讓你在無求之心中，慢慢長出與萬物相通的靈性觸角。唯有當你不再期待見證，牠才可能選擇讓你「看見」。若你真心問：「我什麼時候才能見到狐仙？」那麼答案永遠是：「當你不再問的時候。」

鬼影異徑：亡靈的深淵暗域

「鬼」這個話題，人們總是壓低聲音說。每當這個字被輕輕說出口時，大多數人的第一反應，總是那些在暗影中飄動的身影，或夜半時分突然響起的腳步聲。然而，當我們穿越那層恐懼與不安，深入探索時，會發現恐懼背後，其實藏著一種更深的情緒——好奇。或許，正是這份與生俱來的好奇心，驅使我們想一探那道界線的另一端，想知道難以解釋的現象背後，究竟隱藏著什麼樣的真相。

在中國古人的智慧中，「鬼」遠比我們今日所理解的更為深邃。他們認為，無論是人死後的精神，動植物的靈，甚至木頭、石頭等無生命之物，都可能蘊藏某種特殊能量，這些都可被稱作「鬼」。有趣的是，當這些能量展現出善良、護佑的特質時，人們便稱之為「神」。這揭示了靈界是一個超乎人類想像的運行體系。

古人對先人有個很實在的看法：如果過世的人得到應有的尊重，像是好好地舉行葬禮和祭拜，就會變成保佑後代的祖先；但如果沒有得到如此對待，可能就會變成帶著怨氣的厲鬼。無論是古代中國還是遠古的薩滿文化，對待祖先的方式都很特別。他們相信，即使人過世了，那條血脈和精神的連結並沒有斷。這種連結會一代代傳下去，默默地影響著每一代的後人。

正是這樣的信念，慢慢建立起了一個完整的「幽冥世界」——這個世界不是虛構的，而是我們現實世界的延伸。很多人相信，當一個人離開這個世界時，其實只是肉體停止運作了，但他的精神或靈魂會以另一種方式繼續存在。就像搬家一樣，只是換了一個住處，並沒有真正離開。這種想法很溫馨，因為它告訴我們，我們雖然看不見所愛之人，但他們並不是完全消失。

作為一位長期研究靈修並著作的人，我想分享的不只是理論。如果你是我的長期讀者，會發現在我的生命中確實經歷過許多不可思議的靈異事件。尤其是在開始通靈問事和處理個案的過程中，我遇到了更多這樣的經驗。我的觀點和理解並非僅止於想像或書本研究，而是來自於親身處理這些個案，以及與靈體面對面交流的過程中，所總結出的心得與邏輯。這些觀點雖然來自我個人的經驗，但我衷心希望它們能成為你的參考。當你遇到類似情況時，也許能從中找到一些指引。

接下來，我想分享一些從未對外公開的個人經歷：除了我母親和阿姨的親身經驗，還有我高中時期遇到的靈異故事。分享這些故事的目的，並非為了製造恐懼，而是希望能幫助你超越對「鬼」的恐懼、想像和不安，引領你回到更安定的心境。當我們能用平和的眼光來看待這個與我們生活交織的幽冥世界，並願意放下恐懼時，就能真正理解這些現象背後的意義，找到與這個神祕世界和諧共處的方式。

夜訪者

本篇講的是我媽媽跟阿姨年輕時碰到的靈異經驗，從這些故事可以看出一件事：那個年代的人們跟大自然真的很親近，人跟大自然之間沒有那麼明確的界線，感覺人和靈界的距離也比較近。除此之外，我也會分享自己在高中時期，同學、朋友們所遇到的一些無法解釋的事情。

在雲林北港這個臨海小鎮，除了農曆新年和媽祖廟慶典外，幾乎終年籠罩在寧靜中。我母親就出生在北港郊區的漁村，那裡入夜後只剩星點油燈在黑暗中閃爍，整個村莊都陷入一片沉寂。外公跑船常年出海，家中常常只剩外婆和母親以及她的兄弟姊妹。

在年幼的母親心中，每個夜晚都是一場與恐懼的拉鋸戰。尤其當外婆出門打牌時，她和年幼的弟妹總不敢踏進漆黑的屋內，只能在門口無助地等待，焦急盼著外婆歸來。

有一次，夜風冷冽，弟妹在門口又冷又睏，但屋內的黑暗仍讓他們止步不前。年僅七、八歲的母親只好強忍恐懼，帶著弟妹在村子裡四處尋找外婆。他們邊走邊哭，稚嫩的呼喊聲在寂靜的夜裡回盪，卻始終沒有人回應。村莊四周環繞著荒廢的亂葬崗、殘破的廢屋，山坡上更布滿了連大人都不敢靠近的墳墓。然而，至今最令母親難以釋懷的，卻是發生在另一個夏夜的遭遇。

那年夏季，天氣悶熱。外公又再次出海，在那個彼此信任、夜不閉戶的年代，他們家的門也敞開著。一家人都擠在同一張大床上，弟妹早已入睡，只剩母親和外婆在床上閒聊。

不知何時，母親的視線被門口一個佇立的身影吸引。

藉著微弱的月光，她只能辨認出那是一個年輕男子的輪廓，穿著類似高中生的卡其制服，卻又隱約帶著日本軍服的樣子。由於「他」背對著屋外的月光，整個人呈現逆光狀態，雖然室內點著油燈，卻怎麼也看不清他的臉——完全看不到五官。母親心裡一驚——日據時期早已過去多年，這樣的裝扮已經很少見了。

她輕輕碰了碰外婆，指向門口的身影。外婆看了一眼，輕聲道：「那是你大哥回來了。」

但母親心底升起一股寒意。她非常確定，那人絕不是她的哥哥。他的臉被黑暗遮蓋，全身散發一種奇怪的感覺。

那身影就這樣站在離床約八步遠的門口，一動不動，像是定住了一樣。對於母女倆的對話，他毫無反應——如果是人，聽到被談論應該會有反應；如果是小偷，也早該跑掉了，然而他只是靜靜地站在那裡。

不知過了多久，那身影竟然慢慢地在夜色中消失了，就像從來沒有出現過一樣。

直到現在，每當提起這段回憶，母親依然堅信那晚所見不是人。當我問起外婆後來的反應時，母親說：「我不知道外婆心裡怎麼想，但我猜，她一定知道那不是人，只是怕我害怕才說是大哥。否則，為什麼那身影消失後，她連一句話也不說？」

這些發生在北港漁村的故事，不僅是簡單的靈異經歷，更讓我們看到那個年代人們與未知力量共處的生活。在那個還未被現代文明徹底改造的年代，人與靈界的界限，似乎比現在更加模糊。

而那些無法解釋的經歷，至今仍讓老一輩人記憶猶新。

* * *

第二則故事發生在將近半世紀前，是我阿姨親身經歷的。即使已過了這麼多年，她的表情仍透露著不安，彷彿那份恐懼至今仍縈繞在心頭。

那時候她和我媽媽都只有十五、十六歲，與跟她們差不多年紀的堂姐，一同從北港去到豐原一間木工廠工作。

阿姨說：「你看豐原某某地區現在到處都是大樓，但那時候……」她停頓了一下，「那裡全是高聳入天的竹林，林子裡零星散布著一些墳墓。工廠就藏在竹林深處，要走過一段伸手不見五指的小徑才能到達，連個路燈都沒有，風大時，兩旁的竹子都會發出可怕的摩擦聲，我們幾個女孩子晚上都不敢一個人走進那片竹子林。」

那個夜晚，我媽出去約會了，阿姨獨自留在工廠宿舍。就在她將要入睡時，一陣詭異的腳步聲打破了夜晚的寧靜。起初她以為是堂姐，但那腳步聲沉重而緩慢，更像是個高大男子在刻意放輕腳步。

黑暗中，一個十五歲小女生能做什麼？

阿姨嚇得不敢呼吸，感覺到蚊帳被一隻無形的手緩緩掀開，一股冰冷的氣息籠罩著自己，那個「人」似乎就站在床邊俯視著她，沒多久，她感覺一隻手輕輕地壓住她的鎖骨，看我阿姨沒有反應，才慢慢地貼著皮膚往下撫摸，似乎要對她有不禮貌的行為。

阿姨嚇得渾身發抖，她緩慢把身體轉向牆壁，讓他知道，她並沒有在睡，試圖讓他知難而退。過了不久，那個「人」並沒有離開，他看我阿姨沒有反應，就直接伸手壓住她的肩膀，輕輕地想把她翻過身來。

驚恐之下，阿姨爆出一聲尖叫。就在她坐起身的瞬間，最令人毛骨悚然的事發生了——房間裡居然空無一人！短短半秒鐘，那個一直想對她不禮貌的「人」就這樣憑空消失了。

這根本不符合常理，除非……

阿姨嚇得魂不附體，跌跌撞撞地往工廠後面的老闆家跑去。她一邊跑，一邊試圖說服自己那可能是老闆半夜來騷擾她。但當老闆一家人打開門，告訴她，他們全都已經睡了，根本沒人去過宿舍時，可怕的事實終於浮現——她遇見了。

講述至此，我看見年過半百的阿姨，身體仍在微微發抖。

她輕聲說道：「那個年代，人住的地方都很簡陋，跟大自然混在一起。或許……我們跟那些看不見的東西，其實一直都住在一起。」

這句話也凸顯出，在那個人與自然緊密相依的年代，人與靈界的界限，或許真的沒有現在這麼分明。

接下來，我想分享幾則發生在我高中時期的駭人故事。其中一些詭異事件其實就發生在我身邊——而當時的我竟毫無察覺。直到事後，才逐漸拼湊出一些不尋常的真相。當你聽完這些故事，或許也會明白，為什麼我再也無法視那些經歷為巧合。

老屋的男人嘆息

高三那年，我和幾個好同學合租了一棟透天厝。那一棟中古老屋，由同學的父親以優惠的價格租給我們。但從踏進那棟三層樓建築的第一天起，我就感覺整個空間被一種說不出的氣息籠罩。到了夜裡，那股不安尤其強烈——屋裡每個角落都像有東西在等著，卻又說不清到底是哪裡不對勁。最讓人發毛的，是走廊和昏暗的樓梯間，總像有「某個人」藏在陰影裡，靜靜地、不動聲色地盯著你。

那天晚上，幾個室友聚在其中一間房裡講鬼故事。房間裡只開著一盞小燈，微弱的光線在牆上投下晃動的影子。我正聚精會神地聽前方的同學說話，突然，坐在我旁邊的女同學轉頭看了我一眼，神情有些驚恐，但很快又裝作沒事地轉回去。這樣的動作她重複了幾次，我終於忍不住問她怎麼了。

她壓低聲音，幾乎耳語般地問我：「你剛才……有發出什麼聲音嗎？」

我明確地告訴她沒有，可她又問：「那你有聽到什麼聲音嗎？」

當我追問她到底聽見了什麼時，她只是搖頭，不再多說什麼。

這件事就這樣被暫時遺忘。直到幾個星期後，在一次只有我們兩人的放學路上，她終於告訴我那天晚上究竟發生了什麼。

她聽見從我們之間的空位，突然傳來一聲詭異的男人嘆息聲，像是某種不該出現在這個世界的聲音。起初她以為是我發出的，才轉頭看我。更可怕的是，沒多久，第二次嘆息就貼在她耳邊響起，她甚至能感覺到一股冷氣息拂過她的耳朵，而我卻一直專心聽著鬼故事，完全沒有動靜。她那時才意識到，房間裡除了我們這群同學外，還有其他的⋯⋯

那個嘆息聲，並不只出現在那一晚。它像是有意識地在這棟老屋中緩緩遊走，時而在不同的角落響起，彷彿渴望被更多人聽見。那聲音裡藏著某種說不出口的苦，像是在尋找能真正察覺它存在的人。

有一次，我連續生病好幾天，當地同學建議我去收驚。那天正下著雨，那位同學在三樓和其他室友聊天，我則在二樓上完廁所後，朝他喊了一聲：「我好了，可以出門了。」

他原本正準備從樓梯口下來，卻突然整個人僵住，眼睛睜得大大的，死死盯著我所在的方向——他的反應異常詭異，連我都被嚇了一跳。

下一秒，他像是被什麼東西追著似的，猛然衝下樓，一把抓住我的手，什麼也沒說，就拉著我往屋外跑。

等他稍微平靜下來，臉色依然蒼白，雙手還在顫抖。他艱難地開口問我：「你剛剛⋯⋯在廁所前，有嘆氣嗎？」

我愣了一下，搖搖頭說：「我只是叫你下樓啊。」

他又問：「那你有聽到別的聲音嗎？」

我還是搖頭。直到那一刻，我才突然明白——他剛才聽見的，可能不是我。

接著，他顫抖著說，當我叫他時，他清楚地聽見一聲長長嘆息——是一個中年男子發出的，從二樓廁所的方向慢慢走上來。那聲音低沉、綿長，帶著一種說不出的悲傷。他多麼希望那是我發出的聲音，但我的否認無疑證實了他最害怕的事情。

其實在這棟屋子裡，怪事並不只這一件。許多女同學都曾反映過奇特的經歷。幾乎每次洗完澡後，她們都會上樓問我們：「剛才誰在廁所外面走動？」而我們總會異口同聲地回答：「沒有人下樓啊。」

這些女生說，她們在洗澡時常常感覺到廁所外面有人，像是在來回走動，發出輕微的聲響。甚至有人明確地表示，她能清楚地感覺到有人在外面盯著她——那種被偷窺的感覺非常強烈，也非常真實，讓人不寒而慄。最可怕的是，這並不是個別事件，而是住在這的女生都曾有過的共同恐怖體驗。

但我覺得，在那一棟老屋最恐怖的經歷，是發生在和我住同一間的室友身上。

＊　＊　＊

那天深夜，時間已經過了十二點，我已經入睡，室友拿著新買的制服褲回來，我迷迷糊糊地感覺到他輕輕進門，把褲子放在地上後就躺下休息。半夜，我突然被一陣急促的拍打聲驚醒，我看見一旁的室友正不斷敲打牆壁，同時發出一種像是喉嚨被掐住的聲音。我以為他在做噩夢，就沒有理會。

直到第二天早上，當我詢問這件事時，他用驚魂未定的語氣告訴我，那是他這輩子最恐怖的經歷。

「我剛躺下不久，還很清醒，」他說，「突然看見一個陌生的中年男子從門口探頭進來，我很確定他不是我們房子裡的任何人。那個男人見我們兩個都沒動靜，就走進來，直接朝我的制服褲走去。我想要阻止他，但發現全身動彈不得，只能發出那種聲音，看著那個人想要拿起我的褲子試穿。後來我就不記得了。」

他猶豫了一下，又補充道：「雖然我不確定那是夢還是真的，但我可以肯定的是，我剛躺下沒多久，就隱約看到那個男人躲在門框旁邊，偷偷看著我們。」

你以為故事就這樣結束了嗎？

真正的祕密，是在某次打掃時才被揭開。那時我們已經準備退租，幾位室友在清理房間時，在其中一間的木質衣櫃裡，發現了一大片早已發黑的血跡。

奇怪的是，當初剛入住時我們曾經仔細打掃過，卻從未發現這些痕跡。它們就像是某種記憶的殘影，直到最後一刻才現身，彷彿在等待被看見。

你可能會問，那間房間的室友是否也曾遇過什麼異常？我只能說：那兩位同學，一個總往外跑找男朋友，另一個則經常莫名其妙跑到三樓與其他人一起睡，幾乎很少獨自留在房裡。

至於那個低聲嘆息的中年男子是誰？為什麼會對我室友的制服褲產生興趣？女生們在浴室感受到的那道視線從哪裡來？還有，木櫃裡的血，又是誰留下的？

這些問題，至今沒有答案。

現在回頭想想，我們或許從來不是主角，只是那些陰影故事的偶然見證者。

在那棟屋裡，我們與某些無法離去的存在，一起度過了那段不該太過深究的日子。

從分隔島伸出來的手

時間回到高二，我剛從學校宿舍搬到市區的一間書局。那是一間經過改裝的地下室雅房，雖然位於地平面下，但兩側都有空地可以曬衣服，還有窗戶和一扇通往空地的門。房東體貼地在一樓樓梯處裝了門鈴，方便我們這些打工到很晚的學生進出。那時我們只有三個同學同住，過著平靜的生活，直到那個令人毛骨悚然的夜晚。

那天深夜，我如往常一樣等待經常打工到半夜的室友回來。通常到了午夜時分，他都會按門鈴請我開門。為了避免被門鈴吵醒，我習慣看書等他。然而那天，我沒有聽到熟悉的門鈴聲，而是從一樓路邊傳來的、異常幽微的呼喚聲。

「誰在叫我？」我心裡一陣發寒。細聽，是我那一位晚歸的同學。這完全反常，他從來不會這樣叫我。我走出去詢問發生什麼事，只見他站在大馬路上，臉色慘白如紙，雙眼中透著說不出的恐懼。他用冰冷的手緊緊抓住我的手，聲音顫抖地說：「先別說話，跟我來。」

我們在寂靜的夜色中往前走，約莫走了將近三十分鐘才停了下來。他不斷左右張望，神情緊張。他指了指前方中央分隔島說：「你有看到那裡有人嗎？」他的聲音幾乎是從齒縫間擠出來的。

我搖頭。「這麼晚了，哪裡有人？」

他點頭，卻仍不時回頭張望，彷彿有什麼無形的東西正跟著我們。確認四周無人後，他才拉著我往回走。整條路上，他保持沉默，任憑我如何詢問，都只得到一、兩聲含糊的應答。回到房間，門一關上，他才長長吐出一口氣。

「剛才我經過那邊……」他開口，聲音微顫。

那是個月光被雲層遮掩的夜晚，路燈在頭頂投下昏黃的光暈。遠處分隔島的草叢中，他隱約看見一個模糊的人影。

他放慢車速。草叢輕輕晃動。一隻手緩緩伸出。

「那隻手……」此刻他低頭看著自己的手掌，彷彿還能看見那景象，「白得不像活人。」

接著，一個聲音從草叢中飄出。

「救救我……」女聲。空靈而悠遠。

他停下腳踏車，那隻手開始向他招手，似乎在呼喚他走進草叢深處。

「救救我……過來救救我……」

他說他下意識地邁出兩步，卻突然停住了。

「分隔島那麼窄，」他抬頭看著我，眼中充滿困惑與恐懼，「怎麼可能躲得下一個人？」更讓他不安的是，他不斷換角度想看清楚對方，卻始終只看見那隻在空中招手的手，卻怎麼也看不見藏在草叢裡的臉和身體。

為了確認事情的真相，我們打電話到附近幾間醫院詢問。

「最近有送來什麼特殊的病患嗎？」

所得到答案都是一樣——沒有。這回覆既令人安心也不安。

我們相視一眼，最後決定面對未知。那晚不知為何，月光比先前更加慘白，夜更靜，我們的腳步聲在寂靜的街道上格外清晰。

分隔島依舊橫亙在那裡，草叢密實而沉默。我們停在距離那個地點幾公尺處，誰都沒有更進一步的勇氣。

「就是這裡。」他低聲說，聲音幾乎被夜風吞沒。

我仔細檢視那片草叢——沒有被壓倒的痕跡，沒有移動的跡象，甚至連夜露都均勻地覆蓋在每一片葉子上，彷彿從未有任何東西碰觸過它們。

當我站在他描述的位置，用他的視角來看——那片草叢確實很狹窄，根本不可能有一個人藏在其中，更不可能只露出一隻手卻完全隱藏身體。

他站在我身後，近乎耳語：「那隻手……」

我沒有轉身，怕看見他臉上的表情。

「到現在我都記得那隻手的樣子，」他繼續說，「白得發青，就像……已經死去多時的人才有的顏色。」

我們站在寂靜的馬路旁，誰都沒有再說話。那片草叢在夜色中微微搖曳，彷彿有什麼無形的存在正在其中徘徊。

「我不確定那是……」他沒有說完這句話，但他的眼神已經說明一切。

我相信，那個女子至今仍在街道遊蕩，耐心地等待著下一個善良卻不知情的路人。

誰也不知道，當下一個人停下腳步，會看見什麼。

※無極瑤池金母如是說——鬼

「鬼」的出現並非是為了傷害人。人們之所以害怕，往往是因為對鬼的聯想，以及它所象徵的未知。事實上，人類對未知有本能的恐懼。就像半夜房間裡突然出現一個陌生人，或是走進一個陌生的環境，即使沒有明顯危險，也會讓人不安，只想趕快找到熟悉的東西讓自己安心。這些反應都是人類面對未知時的自然本能。

大多數人平常並不習慣深入觀察自己的內心情緒。這種覺察力不是天生的，而是需要透過後天的練習與修煉慢慢培養出來。當遇到超出日常經驗的事情時，很多人只會用本能來反應，結果就是恐懼升起，理性思維被打斷。由於缺乏內在的穩定與處理經驗，人們常會依賴從電視、網路等媒體習得的刻板印象來解讀靈異經驗。害怕的不是真正的鬼，而是投射在鬼身上的內在情緒。

恐懼的根源，其實不是來自事件本身，而是對未知與失控的焦慮。大多數的恐懼，只是被放大了的心理幻象，並不是真正的危機。這也是為什麼，當一個人無法掌握情緒反應時，往往會陷入更深的不安與慌亂。真正該處理的，並不是鬼是什麼、從哪裡來，而是當下的心裡浮現了什麼感受，對這個感受有沒有覺察與理解。

其實，鬼的出現或許是種提醒——提醒人們去看見內在那些被忽略的角落。若只專注於驅逐外在的現象，反而會讓恐懼更深，忽略了真正需要被照顧的，是心中那個不安定的自己。當一個人能夠平靜地去感受自己的反應，學會與這些情緒共處，內在的穩定就會開始成形。

生命中有一個很重要的課題——就是**看見內在的恐懼**。不是逃避，而是用平靜的心去處理內心對未知的反應。當能做到這一點時，就能真正超越它。這不是理論，而是一種要在生活中實踐的能力。

內在穩定的人，即使遇到像鬼這樣陌生且恐怖的存在，也比較不容易被嚇倒。因為心是清楚的，人是清醒的。

想讓生命更有品質，靈魂更覺醒，不是靠去外面尋找答案，而是回到自己內心，學會與自己連結。練習感受當下的環境、情緒與人與人之間的連結，這些都是讓感受力提升的關鍵。一旦感受力敏銳了，心靈層次自然會升起。即使未來再遇到靈異現象，那種衝擊也很難動搖內在的平靜。這才是真正的力量，也是一種靈魂韌性的表現。

至於「鬼」究竟是什麼？可能因人而異，也可能沒有固定答案。它可以是未被超渡的靈體、能量殘留，甚至是內心恐懼的投射。但這些都不是重點。重點是：遇見它時，內心發生了什麼？有沒有被觸動？有沒有意識到，恐懼背後是什麼在說話？當能誠實面對這些問題時，內心的「鬼」就不再是威脅，而是一面鏡子，引導人往更深的方向去理解自己，走向更清醒的生命狀態。

看見鬼，往往是看見了內心尚未面對的恐懼。真正的試煉，不在外面，而在心裡。

宇色透視

「鬼」，其實往往象徵著我們內在未被處理的創傷、陰影與恐懼。當一個人「見鬼」或在某些空間感到不適時，其實是一種極為主觀的經驗。如果我們將注意力從外在現象轉向內在，就會發現，真正令人不安的不是鬼本身，而是尚未被理解的情緒與記憶。恐懼無法靠驅趕來解除，它只能透過直視來轉化。對我而言，很多所謂的靈異現象，根本上就是心裡壓抑的情緒、悲傷，或過往受創經驗的顯化。而無極瑤池金母的教導亦強調：

遇見它時，內心發生了什麼？有沒有被觸動？有沒有意識到，恐懼背後是什麼在說話？當能誠實面對這些問題時，內心的「鬼」就不再是威脅。

人對鬼的情感，其實不只有恐懼，還伴隨著強烈的好奇與吸引力。這種矛盾的心理，象徵著人性中那股渴望理解內在陰影的力量。也正因如此，鬼故事、靈異電影才會如此吸引人——我們既怕它，又想靠近它。這不只是對「鬼」的興趣，而是潛意識中對未知與未解情緒的探索渴望。

在世界各地的文化中，「鬼」從未缺席：日本的怨靈、佛教的惡鬼、西方的吸血鬼與惡魔……這些鬼魅形象，其實都是人類對死亡、執念與未竟情感的恐懼投射。我們一生都在處理恐懼，這不只是對鬼的恐懼，更是對內在陰影、情緒、無常與未知的反應。我自己也不例外——只要有機會，我就會讓自己停留在恐懼中，練習與它共處，不再逃避。這份與恐懼同行的功課，早已從靈異經驗延伸至現實人生。

有一年，我為了檢視自己多年來在靈修與正念上的修煉，是否真的能在面對恐懼時仍保有內在穩定，我決定挑戰一場刻意設計的「試煉」——走進全亞洲最恐怖的鬼屋。那是位於日本吉田市的「富士急樂園」，裡面有一座仿造荒廢醫院所建的沉浸式體驗設施。裡頭的每一個場景、道具、甚至「鬼」的設計，都與醫療場景高度結合，真實到讓人無法抽離。全程長達一小時，是一場與恐懼交手的真實考驗。

進入前，我特地向工作人員確認：「這些扮鬼的員工會碰觸我們嗎？」對方斬釘截鐵地回答：「不會。（絶対に触りません。）」這句話在我內心劃出一條清楚的「界線」——一種對內外境的界定。當我們內在先建立起穩定的邊界，才有空間去觀照潛伏的情緒與反應。只要那條界線仍在，就能清楚地看見——究竟什麼才是真正讓我害怕的。

隨著心態越來越穩定，我和朋友開始探索一些鬼屋裡沒在官方路線上規劃的角落……停屍間、長走道、掛著布簾的暗房、棺材。結果就在我們撩開某個布簾的一瞬間，剛好和一群剛上樓、毫無心理準備的日本高中生正面對。他們當場尖叫連連，其中一個男生甚至當場跪下來大哭，嘴裡喊著：「お願い、放して！（拜託，放過我！）」我趕緊說：「I'm not a ghost. I'm real. You can touch me.（我不是鬼，我是真的人，不信你可以摸我。）」但他還是嚇到整個人發抖，眼神裡全是混亂和恐懼。最後我們只好無奈地繼續前行，留下那位仍陷在驚恐中的少年——想必日後回想起來，他的人生應該多了一段很難跟朋友解釋的「撞鬼經驗」。

最後一個場景，是一條伸手不見五指的黑暗長廊，伴隨著閃光燈頻閃、鬼影忽隱忽現，即使再有準備，也難免驚心。但我仍告訴自己：「恐懼的本質，不在於外界的幻象，而在於我是否相信它能影響我。」這就是我修煉心性的場域。我開始明白，每一次驚嚇，都是轉化靈性的契機。

那一刻我看見了無極瑤池金母的教導：大多數的恐懼，只是被放大了的心理幻象，並不是真正的危機。

恐懼是鬼，還是內心的影子？

無極瑤池金母曾提醒我們：**鬼的出現或許是種提醒——提醒人們去看見內在那些被忽略的角落**。這番教導不僅適用於看似超自然的事件，也能延伸到我們日常生活中各種面對未知的時刻。

作為多次靈異事件的旁觀者，我親眼見證過人們如何在恐懼中尋找轉化的契機。有些故事我只是靜靜觀看，有些則像高中時合租的那間老房子——我既身在其中，也在旁觀自己和同學的反應。那段經歷讓我體會到，真正觸動人心的，往往不是靈異本身，而是人在恐懼中慢慢長出的內在力量。

現在回頭看，那種「一腳踩在故事裡，一腳站在故事外」的感覺，其實很特別。很多人聽完我們的經歷，第一個反應總是：「你們怎麼還敢住下去？」但當時的我們並沒有覺得情況嚴重到必須逃離。那些靈異現象並不是天天發生，也不是越來越可怕。雖然發生的當下確實讓人害怕，但日子一久，我們竟然也就習慣了。後來我從比較抽離的角度回頭去看，才意識到——這不只是「我們撐下來」這麼簡單，而是人的心智在面對未知與恐懼時，會啟動一種自然的調適機制。我們一邊和看不見的東西共處，一邊也無意中開始往內探索。有些原本壓在心底的情緒，也在驚嚇的時刻浮了出來。

更深的恐懼，往往不是來自外面的聲音，而是自己裡面沒看見的那一部分。如同面對家暴或情緒勒索的情況，表面上「離開」似乎是最簡單的解決方案。然而，人性的複雜性在於，我們往往在看似負面的經驗中，找到某種意義和價值。在那個靈異的房子裡，我們建立的友誼和情誼，某種程度上轉化了恐懼，讓它成為促進心靈成長的催化劑。

無極瑤池金母的智慧告訴我們：**遇見它時，內心發生了什麼？有沒有被觸動？有沒有**

意識到，恐懼背後是什麼在說話？當能誠實面對這些問題時，內心的「鬼」就不再是威脅，而是一面鏡子，引導人往更深的方向去理解自己，走向更清醒的生命狀態。

最鮮明的例子是那位在分隔島上遇到鬼的同學，他遇見的鬼魂實際上是一個需要幫助的靈魂。當他用一顆善良的心去幫助這個看不見的靈魂時，他自己也經歷了轉變。這些看似恐怖的靈異現象，與他內心的某些情感或未解決的問題相連，正是這樣的連結，讓他在面對恐懼的過程中，獲得了自我成長。

在那之前，這位同學過著相當隨性的生活。母親給他的半個月零用錢，常常幾天內就花光，大多花在打電動上。之後的日子，他靠著每天一個麵包度日，甚至在換季時，因為沒錢買制服，便親手把長袖剪成短袖，也從不在意髮型，只求符合學校的規定。儘管如此，他的聰明才智依然出眾，就算一整個月沒讀書，期中考成績依舊名列前茅。

但在經歷那次靈異事件之後，他的行為和生活態度開始改變。他不再像以前那樣漫不經心，就連打工也會準時回家，不再在外閒晃。他變得更謹慎、更自律，也更懂得為自己負責。這樣的轉變，不只是外在行為的收斂，更是內在心態的成熟與成長。

對我來說，這樣的轉變並不是單純的恐懼驅動，而是一種自我覺醒。當我們遇到未知和恐懼時，它們其實給了我們一個契機，去面對內心那些被忽視或壓抑的部分，並轉化為成長的動力。這些經歷不僅幫助我們理解自己，還能促使我們走向更完整的自我。

＊　＊　＊

從這樣的角度來看，靈異事件幫助我們在生活中找到更深層的平衡，讓我們學會面對和接納內心的陰暗面。正如無極瑤池金母所教導的，當我們能誠實面對自己的恐懼，內心的「鬼」便會轉化為自我認識的明燈，指引我們走向更清醒、更完整的生命狀態。這或許就是靈異故事背後最珍貴的禮物。

當「鬼」出現在我們的生命中，往往不只是靈界的擾動，更像是提醒我們內在正與某種未被整合的情緒產生共振。在我通靈問事的這十多年裡，處理過無數家宅、公司鬧鬼、卡陰與附身的個案。我越來越明白，重點從來不在於「如何對付它」，而是「我們是否理解它為何出現」。換句話說，那些讓人不安的靈異現象，很可能是一種心靈的映照——它們以外在形式出現，只是為了提醒我們內在還有未被照見的層面。

靈修不只是通靈、神通或儀式的展現，更是內在的自我檢視：當恐懼現身時，我是否有能力不被它吞噬，而是看見它從哪裡而來、為何而在。與鬼共處，不是為了證明自己不怕鬼，而是藉此訓練自己能否照見那個尚未被擁抱的自己，就像我去富士急鬼屋一樣。這種將「鬼」視為心理與靈性投射的觀點，讓我學會用更開放的方式去面對未知。

這些靈修的歷程不斷提醒我——**想讓生命更有品質，靈魂更覺醒，不是靠去外面尋找答案，而是回到自己內心，學會與自己連結。**

如果你問我：怕鬼嗎？

我的答案是——我一生都在學習如何與內在的恐懼對話與安頓，這才是真正的修行課題。

恐懼還在，無常依舊。

只是他不再逃避，也不試圖理解。

與它們同在，如實看見，一切如其所是。

？探問

①鬼真的存在嗎？它到底是什麼？

鬼，是尚未完成情緒、精神體的轉化、帶著執念的靈體；有時是未被度化的能量，有時則是人類投射在未知事物上的恐懼所顯化出的存在。重點不在於它「是不是鬼」，而在於你「看見它時，內心發生了什麼」。鬼的出現，往往是提醒──你忽略了內在某個未被處理的角落。

②為什麼有些人常遇到鬼？我是不是有特殊體質？

別急著給自己貼上「敏感體質」的標籤。人本來就是情緒與能量交織的有機體，當處於情緒低谷、內在壓抑或能量渙散的狀態，自然容易與某些靈界頻率產生共振。這不是特異現象，而是一種正常的能量對應。有些人會遇到靈異事件，是因為剛好處在那個頻率；有些人沒遇到也完全正常。無論發生與否，都不是定義自己的理由，更不該讓「我是容易見鬼的人」成為你的信念，否則恐懼與焦慮將會不斷召喚你不需要的相遇。

③鬼真的能傷害人嗎？我該不該怕？

真正傷害人的，從來不是鬼本身，而是人對鬼的誤解與投射。恐懼的根源，不在事件，而在反應。鬼只是某種未完成的情緒能量，而人的驚慌與逃避才會將這能量放大成危險。事實上，越能保持平靜、理解並尊重靈的存在，反而越能化解事件的衝擊。你該怕的不是鬼，而是那個無法穩住自己的自己。修行的第一步，不是驅鬼，而是觀心。

④遇到鬼的時候，應該怎麼辦？

別急著驅趕，也別立刻驚慌。真正該處理的不是外在的鬼影，而是內心升起的恐懼與混亂。最重要的，是穩住自己的心念，看清楚「此刻自己為什麼會害怕」，那才是真正的修行關鍵。

每一次驚嚇，都是一次情緒覺察的練習；每一次恐懼的現身，都是一次靈性的試煉。當恐懼襲來，先回到自己的呼吸，將注意力安住於當下。深呼吸，感受氣息如何流過身體，這是安頓紛亂心緒的第一步。若恐懼感確實過於強烈，適當的離開現場也是自我保護。

然而，真正的轉化在於事後的覺察——不要急於尋找外在解釋或胡亂對號入座，而是細細回顧當下的感受：緊張如何在體內展現？恐懼以什麼形式浮現？將意識帶回那份原始感受，不加評判地觀察它，了解它的本質。唯有如此，才能避免同樣的情境反覆觸發相同的恐懼模式，被情緒吞噬。每一次的覺察都是釋放恐懼的契機，靈性能得以轉化與淨化。

⑤為什麼許多靈異事件都發生在老屋、荒郊或深夜？

老屋、靈異景點，本身就是意念的沉積場。若曾發生過自殺、暴力或極端情緒事件，那麼尚未散去的情緒體與精神殘影，往往會如氣味般滲入空間，長久盤踞不去。人的意念是會附著在空間中的，成為某種無形的存在，等待與之共振的心靈出現。尤其在深夜，當理智沉眠、潛意識浮現時，我們內心未被照見的恐懼與陰影也一併甦醒，與空間中的記憶相互交纏。真正讓你「感應」到什麼的，從來不是外在的鬼，而是內在從未被理解的自己。

⑥我該怎麼看待自己曾經「撞鬼」的經歷？

我自己經歷過無數靈異事件，但從來沒有讓自己沉溺在恐懼裡。每一次相遇，我都把它視為生命旅途中的一段經驗，而非詛咒或騷擾。它會在生命中產生什麼樣的轉化？會帶來什麼樣的影響？其實我從未預設過，也無法預知。但有一點我始終確信——心，必須安住。這才是真正的關鍵。

靈異事件不該被過度渲染。與其恐慌，不如視為一種靈性的提醒——它邀請我們更誠實地看見自己，也許是那個壓抑已久的恐懼，也許是那個從未被擁抱的脆弱。有些人在撞鬼之後，反而走上了覺醒的道路；有些人因此重新審視自己的信仰、價值與生命的重心。這不是干擾，而是一種喚醒。

但若你在經歷之後感到徬徨無助，也請記得不要獨自承擔。找一位具有正信與正念、內在安定的人傾訴與對話，他們散發出的穩定能量，能幫助你安撫心中的焦慮，讓被放大的恐懼慢慢退潮。

⑦鬼真的會「附身」嗎？怎麼判斷自己是不是被影響了？

附身並非電影中誇張扭曲的情節，而是當一個人內在失衡，靈與人的界線開始模糊時，可能出現的極端能量干擾現象。真正容易發生附身的，並不是「體質特異」，而是長期壓抑情緒、心念渙散、失去自我主權的人。一旦意識渾沌、鬆動，外靈自然容易趁虛而入。

靈性上最容易被干擾的部位是腸胃、腦部與精神體——這三者是我們承載情緒、處理資訊與靈感感知的核心通道。若你出現無法解釋的腸胃異常、腦袋混亂、意識恍惚或情緒異變，可能已是能量受擾的徵兆。在干擾狀態下，也有人會經歷頻繁夢境、嗜睡、記憶斷片或情緒失控等現象。雖不代表絕對是附身，但這些反應都值得我們靜下來覺察：「我最近是否常常感到不像自己？」若真的懷疑自己遭遇靈異干擾，切勿自行妄判或恐慌臆測。尋求一位具備正信與能量穩定的神職者、靈性導師或修行者協助，能幫助你釐清能量界線，也協助你回到自己內在的主權中心。

要預防附身，不是靠外在符令或儀式，而是回到自心——修煉穩定的心性、清明的覺察與堅固的能量邊界。當你願意好好照顧自己的情緒、觀照自己的念頭，不屬於你的能量也就無法輕易介入你的生命。

第二章

遊蹤鬼境：旅途與鬼相伴

在這個講求速度的時代，我們的生活變得浮躁而匆忙，習慣以直接、單一的視角來看待世界。然而，這個世界並非只是線性的存在，而是一個立體、多層次的空間。不只有眼睛所見的表象，更包含許多超自然的維度，遠比我們所能理解的更為玄妙深邃。

當我踏上旅途，走過一個又一個陌生國度，不只是探索有形的風景，更經常與無形的存在不期而遇。一些超乎常理的經歷，總在最不經意的時刻出現——可能是一座寂靜古廟的轉角，或某個幽暗城堡的長廊。每一次的相遇，都像是冥冥之中自有安排，讓我對生命有了全新的理解。

旅行多年，走過將近四十個國家，我深刻體會到：每片土地都承載著自己的靈性記憶，就像地球上不同的經絡。近年來，許多人刻意尋訪所謂的靈異景點，但我始終認為，真正的靈異體驗往往是不期而遇的。因為靈性世界的本質，是一種無為、被動的存在——越是刻意追尋，反而越難遇見真實的神祕經歷。

我曾在京都三大聖山的寂靜古寺裡，聽見無形的腳步聲在廊道間迴盪，彷彿古老的僧侶仍在進行晨課；在捷克古老的石徑，感受到冰冷的氣息從背後拂過，像是中世紀的幽魂依然徘徊於此；也在愛丁堡幽暗潮濕的百年地下街道，目睹難以解釋的人影閃動，訴說著這座城市數百年來無人知曉的祕密。

這些超自然的存在，並非如我們想像中那般可怕，而是歷史在時空中留下的印記。就像一捲永不停止播放的膠卷，曾經在此生活的靈魂，能量仍在原地迴旋。當我們與它們相遇時，其實是跨越了時空的藩籬，不同時代的能量在此刻交會。

在這一章，我將分享旅途中與幽冥世界不期而遇的故事。這些超自然經歷，不僅是見證，更是一場心靈的淬鍊。希望讀者透過這些真實故事，不只感受靈異世界的神祕，也能體會——當我們放下成見與恐懼，敞開心胸去看待與感受，或許會發現：來自另一個維度的存在，其實一直都在默默與我們同行。

戰地魅影：古戰場亡魂顯蹤

台灣眾多旅遊地點中，最觸動我內心、至今仍留有深厚情感的，莫過於金門。或許是因為金門在國共內戰時期的特殊歷史背景，當人置身其中，獨特的景觀建築總能喚起對往日的種種想像。漫步在經過戰火洗禮的民居古厝中，從閩南風格的傳統建築群到西方馬薩式洋樓，一磚一瓦都訴說著金門的昔日繁華；氣勢恢宏的風獅爺，彷彿能感受先民抵禦強風的智慧；佇立在曾是戰地前線的獅山炮陣地，遙望那片曾經硝煙瀰漫的海峽，更能體會戰爭的殘酷，以及金門人在艱困環境下的堅韌生存。

金門的建築與寺廟風格，與台灣本島有著微妙的差異。走在街道上，彷彿踏入融合了閩南與台灣風情的特殊空間，每一處建築都訴說著不同時期的歷史故事。

在戰火肆虐的年代，無數生命逝去。當我走進八二三戰史館，深入古寧頭戰場遺址，參觀翟山坑道與九宮坑道這些軍事遺跡，總會不經意地思索：在戰爭中逝去的靈魂，是否仍守望在這片他們深愛的土地上？

然而，我必須強調，書寫這些經歷並非要給金門蒙上一層陰森的色彩。恰恰相反，我想傳達的是：如果你還沒有去過金門，更應該親身造訪這片土地。因為沒有金門，就不會有今日的台灣。國共內戰時期，金門作為一道關鍵的防線，在這裡發生的每一個故事，都深刻地影響著台灣的命運。這片土地承載的不僅是歷史的重量，更蘊含著豐富的人文風情，值得我們細細品味、深入探索。所以，我想再次強調，接下來分享的故事純屬個人經歷，我無意為這片美麗的土地添加任何神祕色彩。金門的價值，在於它為台灣留下的歷史印記，以及那份值得我們永遠銘記的人文精神。

然而，說到台灣的靈異地點，除了金門這片承載戰爭記憶的土地外，還有一處因政治壓迫而留下深刻傷痕的地方——綠島。這座位於台灣東部的島嶼，其作為監禁之地的歷史雖可追溯至日據時代，但它最為人所熟知的身分，是在二二八事件後的白色恐怖時期，成為關押大量政治犯的核心場域，見證了無數生命的悲歌。其中，被稱為「綠洲山莊」的監獄，便是許多政治受難者度過艱難歲月，甚至在此走完人生最後旅程的地方。

第一次去綠島旅遊時，我是抱著想多認識台灣的心態，希望了解這個曾經囚禁許多政治犯、並留下日據時代歷史痕跡的地方。但沒想到，在綠島的那段期間，我竟然經歷了一連串靈異事件。這些經歷讓我感受到的不只是綠島的靈異氛圍，更多的，是政治壓迫下所留下的壓抑與冤屈。

這次，我除了會分享網路上廣為流傳的故事，也會分享幾則我在綠島、金門誤闖陰陽界線的恐怖記憶。無論這些故事是否真實，它們都像一面鏡子，反映出這些美麗地方背後的另一面——曾在此地留下痕跡的靈魂，以及人們對這些特殊歷史背景的土地又敬又畏的複雜情感。

內心的陰影，它不是敵人，
而是你靈魂成長的夥伴。
當你擁抱它，
你就擁抱了完整的自己。

兩個難以抹滅的靈異傳說

第一則故事，發生在金門戰地時期的某座軍醫院。

當年戰爭緊急，軍方徵用了民地倉促興建醫療設施。戰事結束後，這些充滿死亡氣息的土地，被人們以各種方式據為己有。其中一戶人家，在土地歸還過程中私自佔地多年。原本一切平順，直到某天，家中長輩在工作二十多年後突然被迫離職，接著，全家人的健康也接連出現問題。病況來得又急又怪，無論如何診斷、治療，都像石沉大海，毫無進展，彷彿被某種無形的力量牢牢纏住。最後他們求助於當地廟宇，王爺降駕後開示，那片土地原是昔日軍醫院遺址，埋藏了太多未被安撫的英靈。這些死亡記憶深埋地底，積累成強烈的陰氣，對私佔土地者產生了反噬。即使他們後來舉家搬遷回台灣、遍尋名醫，也無法掙脫那些早已纏上的靈性印記。

半夜操練的無頭部隊

另一則更駭人聽聞的故事，發生在民國五十八年八二三炮戰期間的小金門。某個伸手不見五指的夜晚，一個駐守班隊遭遇中共水鬼偷襲，直到次日清晨才被村民發現異樣。平日操練聲不絕的軍營一片死寂，村民進入營區後，震驚地看見所有官兵皆被斬首，鮮血染紅了整片土地，而頭顱卻無影無蹤。

從那天起，每到深夜，營區總會傳來整齊的踢正步聲，伴隨「一二、一二」的口號，迴盪在寂靜的夜色中，那些腳步聲總在入夜時準時響起，直到天亮才逐漸消失。那時，有膽大的居民躲在暗處偷看，赫然目睹一支無頭部隊在月光下列隊操練，斷頸處仍隱約滲著暗紅血跡。

據說，這支無頭部隊之所以夜夜現身，是因為當時的班長深感自責，無法原諒自己讓全班慘遭毒手。即便死後，他依然帶領著無頭的戰友們，執行一場永無止境的哨兵任務，守護這片承載著他們忠魂的土地。居民曾請法師多次超渡，卻依然無法化解他們的執念，連營長、旅長、師長親自前來祭拜，也無法讓這些執著的英靈安息。直到最高統帥——司令官親臨現場，莊嚴地對這支無頭部隊說：「你們的責任已經盡到了，國家不會責怪你們，從今以後可以好好休息了。」話音剛落，那支無頭部隊才終於停止了永無止境的夜間操練。

然而，據說在特別陰沉的夜晚，依然會隱隱約約聽見踢正步的聲音，彷彿從地底深處傳來，迴盪在小金門的夜空之中。

幾乎所有金門人都聽過無頭部隊的傳說，流傳多年，成為當地最廣為人知的軍中鬼故事之一。儘管細節各有不同，但故事的核心始終如一——失去頭顱的弟兄們，仍在執行守衛台灣的任務。

但也有許多人質疑，無頭部隊只是虛構的傳說，而在金馬前線服役過的老兵中，卻有人提供了意外的佐證。一位曾在南方的莒光島擔任軍中記者的老兵回憶道：

「當時我奉命前往莒光島採訪一則軍事新聞，抵達後，聽到當地駐軍提起最近頻繁出現的不明黑影。有老兵在海邊站夜哨時，曾對著這些黑影開槍，卻什麼也沒打到。出於職業敏感，我決定實地採訪傳聞中的地點。

「那是個無月的夜晚，海風呼嘯，似乎夾帶著遙遠的哭聲。我們一行四人，兩名衛兵的步槍早已上膛，隨時準備應對可能的情況。碉堡外的戰備燈忽明忽暗，不斷在潮濕的海風中晃動，將我們的影子扭曲成怪異的形狀。

「突然，安全士官的手電筒照到遠處海灘，有一處水面明顯異常。幾道黑影像液體一樣滑過沙地，沒發出一點聲音。它們移動得非常快，幾秒內就從左側的海灘竄進右邊的灌木叢，那速度根本不是人類能辦到的。

「我當場嚇得汗毛直豎，雙腿一軟，整個人靠著碉堡的水泥牆滑坐下去。手一直在抖，我掏出香菸想壓壓驚，卻怎麼也點不起火。打火機的輪子明明轉了，卻連一點火星都冒不出來……」

當時該記者的經歷無法見報，只能做成「共軍水鬼來摸哨，我軍應提高警覺」的官方通報。但軍中有人透露，莒光島上很久以前也曾發生共軍水鬼摸上岸，悄然割斷一班熟睡大兵喉嚨的慘案。也許那些異影就是那些阿兵哥的冤魂，但為何在事隔多年後突然出現，就不得而知了。

這些駭人聽聞的故事或許難以全面考證，但軍方檔案確實記載了多起前線哨所「非常規損失」的案例。金門、馬祖、莒光等前線離島，軍營中至今仍流傳著一個不成文的規定：夜間若聽到不明的踏步聲，切勿貿然查看；若真要查看，務必高喊「弟兄們好」，以示敬意。

畢竟，那些永遠站哨的無頭戰士，或許仍在堅守著他們未竟的使命。

金門守護神——李光前將軍

在跟大家分享我在李光前將軍廟遇到的靈異經歷之前，我想先為各位介紹李光前將軍生前的故事，以及他是如何成為金門人心中的守護神。

李光前將軍的故事，得從一場改變金門命運的關鍵戰役說起。民國三十八年十月二十五日清晨，古寧頭戰役爆發。共軍趁著夜色與漲潮掩護，悄然登陸。當時，擔任第十九軍第十四師四十二團團長的李光前，率領部隊奉命向盤據林厝的共軍發起反擊。

面對敵軍據守的多座碉堡，我方攻勢一度受阻。戰場上炮火連天，每一秒都像燃燒的導火線，隨時可能引爆更猛烈的衝突。李團長深知戰機稍縱即逝，若不及時奮戰，金門恐難保全。他毅然選擇了最危險但也最激勵士氣的方式——親自帶頭衝鋒。年僅三十二歲的他，迎著敵軍密集的機槍火力，不幸中彈殉國，成為這場戰役中犧牲的最高階軍官。

但其實，李團長當年在戰場上雖身負重傷，卻並未立即死亡，而是在醫療資源匱乏的情況下，帶著守不住台灣、未完成使命的深深遺憾，緩緩離世。他的靈魂，長期徘徊在古寧頭的戰場上，始終放不下這片他曾為之奮戰的土地。「與其失敗後徒留遺憾，不如奮戰至死無悔」的軍人精神，深深刻印於人們的心中。

李光前將軍成為金門守護神的契機，發生在他殉國後的兩年。民國四十年（西元一九五一年）的某一天，一名女子從海邊踉踉蹌蹌地走向金門縣政府。她的步伐異常紊亂，眼神迷離，像是靈魂與身體格格不入，每一步都顯得極為不協調。當她接近縣政府時，正巧遇上當時負責金門管轄的祕書長（因當時金門仍由軍隊直接管理，祕書長為金門縣的最高行政長官）。她一見到祕書長，突然以威嚴的聲音大喊：「看到長官，為什麼不敬禮！」她的語氣中充滿斥責，與她柔弱的外表形成了強烈對比。祕書長聽後，起初只覺得荒謬，並未理會。然而，女子又接著說：「我是李光前團長，不得無禮！」這一句話令祕書長與隨從驚愕不已。他們發現，這名女子的聲音鏗鏘有力，充滿底氣，完全不像她的外貌所能承載的音量與氣勢。而且，她操著一口字正腔圓、顯然並非金門當地的口音，這更加深了整件事的詭異感。

隨後，女子摘下軍帽，開始侃侃而談自己的身世。她自稱是李光前團長，並詳細描述了自己在古寧頭戰役中的經歷，以及殉國後的靈魂所經歷的一切。直到某一天，他與陣亡的袍澤一同「附身」到這名女子身上，試圖尋求安身立命之所，也希望後人能記得這片土地的守護者們。祕書長聽完後，立即著手查證。令人震驚的是，這名女子所述的每個細節，皆與戰役的官方記錄分毫不差。更特別的是，她能精確描述許多只有軍中高層才知曉的機密，這讓祕書長無法忽視這起神祕事件。最終，當局決定在西浦頭為李光前將軍建廟供奉，並將其軍階從少校追升至中校。

時光流轉至一九七〇年代初期，西浦頭的居民經常在夜間聽到奇異的聲響。一位當地靈媒聲稱受到李光前

將軍靈魂託夢，請求為他設壇祭祀。在獲得金門防衛司令部同意後，居民依照亡魂的請求建立了廟宇。一九七六年，當地居民再次依循靈示擴建廟宇，同時向國防部呈請追贈李光前少將軍銜。國防部破例同意了這項請求，打破了《陸海空軍軍官士官任官條例》中追贈軍銜以一階為限的規定。金防部更在李光前將軍陣亡處立碑紀念。

二〇一三年，當地人再次提出晉升中將的請求。儘管這次未獲國防部正式同意，廟方仍自行將李光前尊為中將。這一切，彷彿訴說著一位戰士的靈魂，如何超越時間的藩籬，繼續守護他摯愛的土地，化為金門的永恆守護神。

然而，將軍的傳奇故事並未就此畫下句點。隨著時光推移，這位金門守護神的神蹟仍在不斷延續，揭開了更多令人驚異的篇章。

二〇〇四年，金門舉辦水陸超渡法會，緬懷古寧頭戰役中犧牲的將士，並迎請亡魂「回鄉探親」，其中包括李光前將軍的英靈。然而，法會結束後，一位靈媒聲稱接到將軍託夢，表示返回途中發現其原廟已被邪祟外靈侵占，需另覓新地建廟。

隨後，在原廟不遠處，建立一座名為「昭忠堂」的新廟，供奉李光前將軍。廟前巨石刻著「李光前將軍辦事處」，彷彿昭示這裡才是將軍真正的駐蹕之地。此事引發原廟與昭忠堂之間的信仰爭議，兩廟各自宣稱擁有將軍的道統，形成了一段神靈分庭抗禮的奇異景象。

誰在叫我

二〇一一年，我第一次踏上金門的土地。當時的我，對金門的印象停留在它深厚的歷史感與戰爭遺跡。那次旅程，我與兩位朋友同行，選擇了自駕環島。天氣始終陰沉，濕冷的空氣夾雜著陣陣狂風，為接下來的故事鋪上了一層詭異氛圍。

我們在第三天來到了李光前將軍廟。廟外冷清異常，前方的小攤販全都沒有開門，四周蕭瑟的景象讓人連想到戰場上留下的斷垣殘壁，增添了一股滄桑與淒涼的感覺。不僅如此，整個區域竟然空無一人，只有我們三個人，甚至連廟方的人員也未見蹤影，這種異樣的安靜更讓人感到壓抑。站在廟前，我深吸一口氣，試圖平復心中的不安。據說，李光前將軍的靈魂仍在此地守護，我懷著探索與研究的心態，希望能親身感受這裡獨特的氛圍，或許能解開一些內心的疑問。

當我們走近廟門，將軍的雕像赫然映入眼簾。那是一種難以言喻的感受——瞳孔被漆成白色的雕像，彷彿有生命般注視著我們三人，強烈的壓迫感瞬間攫住了我的胸口。我將這感覺告訴同行的朋友阿明（化名），他也深有同感，甚至表示有點害怕進去。另一位朋友阿華則顯得較為冷靜，但他的臉色也略顯凝重。稍作停留後，我們決定入內參拜。

為了減輕壓力，我們選擇從側門進入，而阿明走在最前，我則在外頭觀察廟宇的建築細節。不過，

李光前將軍廟牌樓

就在我準備跟上時，阿明突然轉頭，臉上的驚恐與狐疑讓我不寒而慄。他盯著我許久，才低聲問：「剛剛是你叫我全名嗎？」我愣了一下，搖頭否認：「沒有啊，我為什麼要叫你的名字？」那一刻，我清楚地看見阿明的臉色變得更加蒼白。他緊抿著嘴唇，用顫抖的手指按在唇前，示意我不要再說話。我們默默地走進廟內，但那股詭異的壓迫感卻越發強烈。

直到回到車上，阿明才道出實情。他說，當他剛踏入廟門的瞬間，清楚地聽見我的聲音就在耳畔，一字一句地呼喚他的全名。「那聲音，」阿明神色凝重地說：「和你的聲音一模一樣，連語氣和語調都完全相同。但我很確定，當時你還在外面，根本不可能是你。」聽完他的敘述，我感覺一股寒意從脊椎直竄上來。據說，「好兄弟」若想勾引你的魂魄，會模仿熟人的聲音呼喚你的名字。一旦你回應，身上的三把火便會熄滅，讓靈體趁虛而入。阿明補充說，那聲音至今仍在他耳邊迴響，讓他不禁懷疑，這座廟中是否存在著比我們所想更強大的靈體。這些話讓我想起廟中那股無形的壓迫感，彷彿有某種力量在注視著我們。即便離開後，那種詭異的氛圍依舊揮之不去。

這件事讓我們三人在車上陷入久久的沉默。究竟那聲音是什麼？廟中是否真的有李光前將軍的靈魂或其他守護金門的英靈？我無法給出答案。但可以確定的是，這座廟宇不僅承載了歷史的重量，也佇立著許多未曾遠去的靈魂，繼續守護著這片土地。

鬼村

在金門這片戰地，還有一處令人毛骨悚然的禁地——山灶村。這裡的夜晚總是異常陰暗刺冷，連白天都籠罩著詭異的灰霧。荒草掩沒了一片空蕩的老厝，那些破敗的屋舍無聲地注視著每一個經過的人，彷彿在等待著什麼。空氣中瀰漫著一股說不上來的詭譎與陰森，每當暮色降臨，這片死寂之地更顯詭譎。

關於這座廢村的由來，流傳著多個令人不寒而慄的傳說。最廣為人知的版本是，一位老婦人與媳婦發生激烈爭執後，在絕望中投身村前水池。但死亡並非終點，反而成了另一場惡夢的開始。自那天起，每逢子夜時分，村莊便會響起淒厲的哭聲，彷彿要撕裂黑夜的寂靜。那哭聲時而像年邁婦人的嘶吼，時而又像少婦的悲泣，纏繞交織在一起。

然而，更駭人的說法指出，這位老婦人其實罹患了不明傳染病，症狀詭異——患者會在深夜發出淒厲哭聲，凡是聽見那哭聲的人，隔日便會離奇死亡。病症迅速在村中蔓延，甚至傳言，只要踩過染病者走過的水窪，就會在當晚聽見那聲哭泣。

也有人說，那其實是鼠疫爆發。在無計可施的情況下，軍方被迫做出最殘酷的決定：封鎖整個村莊，將所有村民活生生困在這片死亡之地。據說，當時軍方甚至在村莊周圍部署重兵，舉槍瞄準任何試圖逃脫的村民。最終，整個村莊的生命都隨著疫情一一消逝，只留下無盡的怨念縈繞不去。那些不甘的靈魂，至今仍在村中遊蕩，等待著擾亂它們安寧的闖入者。

正是這樣的傳說，在那個細雨綿綿的夜晚，吸引了我們三人前往探險。

那天晚上大約十點，我和阿華私下計畫去探訪這個禁地。我們都知道阿明對這類陰森之地向來敬而遠之，但我們還是設計要把他帶去。我們謊稱要去買東西，直到半路阿明才發現我們真正的目的地。當他意識到我們的計畫時，臉色瞬間變得慘白，但已經無法在半途折返，只能跟著我們走向籠罩在詭譎氣息中的廢村。

那晚細雨綿綿，霧氣瀰漫，籠罩著我們摸索前進的車輛。路況極差，我們放慢車速，在這片伸手不見五指的產業道路上，尋找山灶村的蹤跡。雨刷有節奏地擺動著，在擋風玻璃上劃出一道道水痕。車內的氣氛異常凝重，只有雨聲和引擎的轟鳴。

不經意間，車燈照到一座孤獨立在路旁的斑駁石碑。上面依稀可見「山灶村」三個字，鮮紅的字跡莫名地散發陰森的氣息。找到目的地的欣慰感還未湧現，一股難以言喻的寒意就已經爬上了脊椎。

我們將車停在山灶村的空地上，眼前是一片荒蕪的廣場，長年無人打理的雜草比人還高。泥濘的土路更加深了陰森與詭異氣氛。此時不知為何，阿明臉色更為慘白，堅持要留在泥濘廣場處等候，我們也不想為難他。

我與阿華正打算進村，就在我邁出第一步的瞬間，眼前的景象讓我的血液瞬間凝結——在及膝的荒草中，一團又一團穿著老舊且古老衣服的人影，從草叢中探出了頭。

它們沒有發出任何聲音，也沒有動作，就這樣靜靜地與芒草交錯著，半隱身在草叢裡。我看不清它們的臉，但那一處飄散出令人寒毛直豎的詭異氣息。

我感覺臉部肌肉開始麻痺，全身汗毛倒豎，卻不敢出聲——既怕驚動友人，也怕驚動它們。

真正恐怖的還在後頭——

在村口那棵濃密的老樹上，一個穿著紅色旗袍的女人，正以一種違反常理的方式，從樹梢緩緩降下。它的動作斷斷續續，如同破碎的底片般慢慢下墜。雨幕模糊了我的視線，我看不清它的臉——卻能清楚感受到，那道目光死死地鎖定在我們身上。

我沒有被嚇到，卻說不上為什麼渾身僵硬，那一幕太不真實。

我迅速運轉元神靈識，靈力自動流轉於全身，內外氣場迅速穩定。一道無形結界悄然展開，靜靜將我們三人籠罩。陰氣湧動於四周，我右手化印於空，手勢未定，指尖靈光微閃。外圍的靈體仍在蠢動，但停在這片結界前，始終無法再進一步。

我一邊觀察那些鬼影的動靜，一邊在心中盤算——到底是要留下來，看看它們究竟想做什麼？還是在那紅衣女子尚未逼近之前，先行離去？

在我眼中，它也不過是眾多鬼魅中的一個罷了，氣場未必特別強烈，至少目前還不構成威脅。

正當我還在權衡利弊、尚未做出決定時，那紅衣女子已悄然落地，無聲地佇立在地面上。下一刻，它就默默地隱沒在那群鬼村民之中。

但就在這時——左前方，大約十點鐘方向，一隻死灰色的手，悄然從黑暗中伸了出來。那隻手緩緩地向我招手。手臂之外的身體，被草叢完全吞沒。雖然我知道，那絕不可能是活人，但一股莫名的牽引感從心底升起——它在「喚我」過去。

「你們別動，我去看看。」我低聲對朋友說。

「要不要我們陪你？現在下雨了……拿傘吧。」他們的語氣藏不住不安。

「不用，我自己去。」

我說完便轉身，一手舉著手機微弱的光，一手撥開濕漉漉的荒草，朝那隻手的方向走去。雨聲越來越大，草叢貼在衣服與皮膚上，冰冷濕黏，而朋友們的聲音，也在背後一點一點被拉遠，最終消失在雨中。

我邊走邊撥開草叢，每一步都在心裡反覆思索：要不要現在就停下來、轉身離開？這感覺……不對勁。但不知為何，那隻手就像帶有某種召喚意圖，不容拒絕地牽引著我。

我知道我可以控制，我還有選擇的餘地，但我的好奇心正在一點一點壓過那股想要後退的力量。就像有個聲音在心底輕聲說著：再走近一點，就能知道了。

不知走了多久，我在一間半毀的平房前停下。牆面斑駁，布滿青苔，木門早已不知去向，門框傾斜，像一口張開的嘴。我沒有猶豫，直接走了進去。

屋內一片漆黑，雜物散落，空氣中瀰漫著濃重的濕腐味。地板上有些暗色的污漬，看不出原形。那隻手引我來這裡，目的未明。但我的直覺在低聲提醒我，這不是發現，而是安排。原來，它不是邀請我進來，而是要我脫隊。

這個念頭閃過，我猛然回神。不願再探，我轉身就走，試圖回到同伴所在的方向。然而，當我撥開草叢時，我愣住了——

原本走過的路徑像被抹去了一般，完全消失。高過腰際的荒草整齊地立在原處，彷彿我從未走過。四周靜得可怕，聲音似乎被什麼東西吞沒。我大聲呼喊朋友的名字，但聲音像被什麼濃厚的霧吸進去，一點回音都沒有。

更糟的是，身後那間空屋裡，開始傳出窸窣聲響。

像是有東西剛剛甦醒，正在緩緩移動。不是一個，而是很多。

我不再遲疑，低著頭撥草前行，心裡只想著一件事：這片雜草終究有邊界，總能走出去。但我不知道，會先遇見出口，還是……先遇見其他的什麼。

那些「好兄弟」察覺我想離開，漸漸聚集在後方。我感受到它們就在身後不遠，陰冷的氣息不斷襲來。我沉著應對，手上結印不停，低聲持續念誦靈山派靈咒。即使它們緊跟在後，卻都無法碰觸到我——每當那些冰冷的手想靠近，都會被靈咒的力量阻擋。我保持專注，讓靈力在身後形成防護，那群鬼影只能在外圍遊走，無法近身。終於，遠處透出了一絲希望——車燈的光芒穿透荒草照了進來。看到朋友們的身影，我們都鬆了一口氣。他們問我為什麼要一直往裡面走，我只是搖搖頭：「先上車，等等再說。」

離開鬼村的路上，車內一片死寂。我不知該如何解釋剛才發生的事，心想著如果他們不問，或許就這樣算了。雨還在下，雨刷有節奏地擺動著，像是在默默計算著我們逃離的時間。

突然，坐在副駕駛的阿明打破了沉默，他說的話讓我們都很震驚：「是不是因為看見女鬼從樹梢飄下來，你才趕緊設下結界的？」

我愣住了——原來他看得見無形眾生？我的一舉一動他都看在眼裡。「你全都看見了？包括那些村民？」我問道。

他沉默片刻才道：「我在車上就看見了，只是嚇得不敢說。因為我相信你有能力保護我們，所以才一直忍著不逃走。」

就在這時，他又說出一件更驚悚的事：「其實，那個穿紅衣服的女鬼一直在跟著我們。離開鬼村時它還緊追不捨，甚至……一度……飄上了我們的車頂。」

「你怎麼知道？」我顫抖著問。

「我一直在看車內的後視鏡和車外的側後視鏡。」他平靜地回答，這份平靜反而更讓人不寒而慄。

囚禁幽魂

在我著作《透視靈驗．我從拜拜背後發現改變命運的祕密》中，曾簡略提及一段發生在綠島的靈異經歷，但當時基於篇幅考量，並未完整記述所有細節。不論你是否閱讀過該書，我都想先簡要回顧書中提到的那段綠島故事，然後補充當時未能詳述的部分，讓這段難忘的經歷得以完整呈現。

那一次，我與一位曾遊歷綠島的故友同行，下榻一間當地民宿。民宿老闆兼導遊是土生土長的綠島人，年約七、八十歲的長者。雖然年事已高，但身體依然硬朗，就是這位阿伯向我透露了一件發生在綠島的靈異事件。而我接下來要講的靈異故事，正是圍繞綠島監獄，與當年政治犯相關的詭異事件。正因為背景特殊，我選擇從這段故事開始，讓大家對綠島曾發生過的靈異現象，有個初步的認識。以下，我引用書中的一段，作為這起靈異經歷的開端——這個故事，正是阿伯親身經歷、親口講述的。

「……監獄當時關著一群二二八時期，政府對外宣稱是政治犯的年輕學子或知識分子，在人滿為患的情況下，獄方不得不將後面村落的居民趕往另一邊居住，另蓋一間監獄收容新的政治犯。

「原本寧靜安詳的村落，在被移平蓋成監獄後，鬧鬼事件頻傳，就連將監獄改建為八卦形依然擋不住，一到夜晚就會聽見犯人直喊被鬼壓以及被鬼鬧的驚呼，犯人、管理人員三不五時就遇見靈異現象。當時獄方最高主管肩上掛著三顆梅花、官拜上校，並不信邪，加上與巡察員一同到鬧鬼處查視時，也沒有看到任何異狀，因此被認為是無稽之談。

「某日，他們一行人到碼頭的倉庫拿取貨品時，上校突然像中邪般倒地不起……經村民告知原委後，才在此處建了一座觀世音菩薩廟，以安鎮此地區的鬼魂……」

聽完民宿老闆的鬼故事後，朋友突然對我說，他想帶我去一個綠島的祕境，是觀光客幾乎不會知道的地方。「不過，要先經過燕子洞。」他壓低聲音說。

根據他的描述，燕子洞是個充滿靈異傳聞的地方。「要去那個祕境，得穿過燕子洞，」他望著我，語氣半是試探半是邀請，「我知道你膽子大……不如晚上去？那邊月光照在海面上，很美，你一定忘不了。」

其實，他沒說出口的是——他想測試我是否真的能看見靈界朋友。

當我們騎機車抵達燕子口，騎到了一個無法再前進的地方，只能下車步行。月光從樹葉間灑下，隱約照亮前方的路徑。朋友邊走邊說，那處美景還要繼續往下走。那一夜，綠島特別安靜。我們無聲地前行，只有腳步踩在碎石上的細碎聲響。夜晚的陣陣涼風從海面吹來，帶著潮濕的鹹味，比平時更加陰冷。

忽然，我停下腳步。

「前面有一個人。」我壓低聲音說。

「在哪裡？」朋友緊張起來，四下張望。當他順著我手指的方向望去，卻什麼也沒看見，臉色漸漸變得蒼白。

「就在那個路口的洞口，」我指向前方，「它就站在那裡。」

我往前走，那個身影一動也不動。即使在月光下，它的腳邊也沒有影子。當我接近洞口時，它緩緩後退，接著忽然沒入黑暗深處。

「這個洞口是什麼？」我轉頭問朋友，注意到他呼吸變得急促。

「這是另一個進入燕子洞的小入口，」他聲音發緊，「但沒人會從這裡下去。必須沿著一條危險的小徑往下跳，一般人根本不會走這條路。」

我正準備跳下去時，朋友拉住我的手臂：「你真的決定要這麼做嗎？」他的手冰冷發抖。

「嗯，」我說，「我覺得它在引導我去一個地方。」

順著陡峭小徑往下走，黑暗迅速將我包圍。站在洞口，我感到自己異常渺小。燕子洞的空間遠超預期，不只是大，而是一種難以形容的「空」。

那不是單純的寬敞，而是沒有邊界的空洞感，彷彿整個空間正緩慢地、無聲地，把我吸進去。我的呼吸聲被不斷放大，回音在四周盤旋，變得不像是我發出的聲音。

洞裡的空氣濕冷，陰涼順著脊椎爬上來，讓我全身起了雞皮疙瘩。比起看見什麼，這種「什麼都看不見」的狀態更令人不安。我越來越清楚地意識到，在這片黑暗中，恐怕不只我一個人在呼吸。

直到這時我才驚覺，我們犯了個大錯——沒帶任何照明設備，甚至連手機都沒帶。月光雖明亮，但無法穿透洞穴的深處，我們完全是摸黑前進。

我站在原地，俯瞰整個洞穴。眼前的空間巨大而深邃，宛如無底。空氣凝滯，一股難以言喻的不對勁，悄悄浮現。

「你看到什麼了？」朋友站在我身後，聲音有些顫抖。

「前面有個平台，」我說，「那個人還站在上面。」

我們小心地往下走，每一步都踩得極輕。那人影始終站在原處，沒有動，也沒有消失。月光照不進的平台，它被半藏在陰影中，輪廓模糊，五官看不清楚，但我很確定，就是先前我看到的那個人。

它彷彿在等我。

我站定，望著它。然後，我察覺到背後空氣微微變化，像有什麼正慢慢成形。

我轉身看去，在我們進入洞穴的方向，一個身影正從黑暗中緩緩浮現，那是一個女生。不是走出來的，而是像從空氣裡凝結而出。它的輪廓初時只是霧，像煙，也像光線的殘影。

然後，又一個白影出現，在它身後，再來是第三個、第四個。不是一瞬間出現，而是一個接著一個。像是某個被封存很久的場域，正一層一層被打開。或者說——它們本來就在那裡，只是現在選擇讓我們看見。

我沒有動，只是靜靜站著，看著那些白影慢慢變多。

整個洞穴突然變得異常安靜，靜到我甚至聽不見自己的呼吸。

「你……你看到什麼了嗎？」朋友問，聲音已經快要破音。

我沒有馬上回答，只是注視著平台前方，那些白影正緩緩集結，成形。不是什麼煙霧繚繞的幻象，而是人形——一個個站立著的影子。

「前面……」我低聲說，「出現了很多人影，排得很密。」

它們站得緊密，沒有間隙，像是從黑暗中擠出來一樣，靜靜地看著我們，卻沒有靠近。

我依然沒動，只是不斷觀察。越來越多的白影從黑暗中浮現，每一個都像是從某個過去的時間中被抽離出來。

朋友越來越緊張：「現在到底是什麼情況？」他什麼都看不到，只能不斷問我，就像我是他與這片空間之間唯一的連線。

「你可能還是不要知道比較好。」我說，語氣平穩，本想安撫，但我知道這句話反而讓他更不安。

他開始不停地問：「我們要不要離開？我們是不是該走了？」

「再等一下，」我說，「我想知道它們到底想幹什麼。」

那些人影站著不動，時間越久，那種靜止越讓人發毛。

突然，它們開始朝我們站著的平台緩緩移動。

不是快速的衝刺，也不是拖曳，而是一種無聲的、幾乎不帶氣息的靠近。我的頭皮發緊，臉部開始麻痺——不是因為單一的靈影靠近，而是因為……太多了。那數量超出了我過往的經驗，壓過理智，讓人本能地想逃。

但我知道，我不能只是轉身逃跑。

我靜靜地吸了一口氣，右手指尖微微抬起，默誦靈咒。咒語在心中迴盪，劃出一圈圈無形的波紋，逐漸在周圍凝聚出結界。同時，左手在胸前迅速結起手印。每一次指節交扣，都在空中劃出一道看不見的符令。那些符印如光無形，卻在我與它們之間築起一道無形的屏障。

我靜靜凝視它們——它們停住了，動也不動……

我拍了拍朋友的肩膀，低聲說：「可以走了，我們走。」

他像得到救贖一樣，急切地問：「你到底看到什麼？」

「我們先跑，出去我再說。」我轉身就跑，朋友緊跟在後。

我們一路跑出洞外，我回頭望，那些白影依舊停留在原地，像是被某種力量阻擋，無法越過那條界線。

朋友喘著問我剛才看到了什麼，我才慢慢說出整個經過，手印這才緩緩分開，但那股寒意卻久久無法散去。

他聽完，臉色一沉，接著告訴我關於燕子洞的傳說。

相傳日治時期，這裡曾是祕密刑場。白色恐怖時期，這裡既是政治犯排練戲劇的平台，也成為無人認領屍體的最後歸處。

「那個平台……」他說，「就是傳說中的處決台。日據時代是斬首用的，二二八時期變成了槍決的位置。」

由於地形隱蔽、深不見底，這裡成了理想的滅證之地。許多人犯就地處決，遺體就埋在原地。

「幾年前發生了一件事，」他聲音壓低，像怕被什麼聽見，「有對夫妻聽說洞裡藏有寶藏，還特地申請挖掘許可。」他臉上出現古怪的神情，欲言又止。

「他們確實挖到了東西——但不是他們想找的。」他沒再繼續說，但那股陰涼已經蔓延開來。

「他們挖出的白骨，就是從那個平台下面發現的。最初是一具，接著是十具、百具……最後，他們只能一具一具地從洞口搬出，堆在外面。許多白骨上還留有鐵鍊、繩索的痕跡，有的頭骨被整齊劈開……他們找到的不是寶藏，而是一整段被埋葬的歷史。」

燕子洞曾是刑場，這是事實。而這地方，至今仍籠罩在恐懼與謎團之中。

永遠等不到家人

調整好心情後，朋友忽然轉頭問我：「你還敢再去一個地方嗎？」語氣聽起來平靜，卻帶著某種測試的意味。

他說那裡也很恐怖，就在附近，走路能到。我沒問太多，直接說：「走吧。」

但我清楚感受到一件事——他不只是尋找風景或靈異體驗，而是希望透過我，看見他看不見的「另一邊」。就像在燕子洞裡，我成了他與靈界之間的翻譯器。

我們走過漫長的路，四周死寂得不正常。沒人，沒燈，連蟲鳴鳥叫都消失了。碎石路上只有我們的腳步聲，在黑暗中特別刺耳。冷風突然襲來，像是某種警告。

我們到達一處平台，周圍全黑，只有微弱月光照著這片空地。不知怎的，我的視線被上方的斜坡深處死死吸住，無法移開。

「你在看什麼？」他問道，聲音明顯不自然。

我指向坡頂，「那裡是墓園吧？」

他瞬間僵住，「你……看到什麼了？」

「你故意帶我來墓園？我看到好幾個影子站在上面。」天雖然黑，起初我只能隱約辨認出斜坡上散落著不規則的石塊，形狀各異，高低不一。遠看像是天然岩石，直到我仔細觀察才發現它們排列得太過整齊。那些不是普通石頭，而是人為立起的標記——墓碑。詭異的是，月光在這一帶異常明亮，將整個斜坡照得清晰可見。

朋友沒有回答。

那些影子站得筆直。一動不動，完全無聲。有些靠近石碑邊緣，有些直接立在石頭上。雖然看不清它們的臉，但能感覺到它們正盯著我們，那種被注視的感覺冰冷刺骨。

影子開始增加，一個變兩個，然後三個、四個……它們不是同時出現，而是一個接一個，節奏緩慢而規律，像某種儀式。

「看，」我指著，「原本只有幾個，現在快滿了。」

我開始往上走。朋友猛地拉住我：「你瘋了？你已經看到它們了！」聲音顫抖。

「你不告訴我，我去確認這到底是什麼地方。」對我來說，確認有鬼不是重點，我需要知道眼前這片區域究竟是什麼。

我單獨走上斜坡，影子輪廓越來越清晰。我摸黑靠近其中一塊石頭，伸手觸摸，指尖感受到粗糙的表面上有凹凸不平的刻痕。赫然驚覺這些真的是墓碑，上面確實刻著字跡。每個影子幾乎都對應一塊碑，有的站旁邊，有的直接立在上面，但更多的影子前根本沒有墓碑。

溫度突然驟降，像被扔進冰窖……

「很多死人會留在自己墓碑旁，有些會站在上面。」我向下喊道。

朋友在下面大喊：「快回來！這真的是墓園！」他站在坡下，臉上表情怪異而扭曲。

我試圖看清墓碑上的字，但太黑了，什麼都看不見。

我走回朋友身邊。

「怎麼了？你看到什麼了？」他聲音發抖。

「明天再來，太暗了，我看不清墓碑上的字。」

我們立即往下走。空氣變得冰冷刺骨，寒意從脊椎直竄頭頂。這不是錯覺——鬼靈越多，周圍環境就越扭曲。

回到平地，朋友問：「你明天白天還想再來？你不怕嗎？」

「我對鬼其實沒有那麼害怕，」或許是見多了吧，我平靜地說，「它們就只是另一種存在，我沒感覺到它們的惡意或威脅。」不是所有靈魂都會對活人產生危害。

隔天早晨，我們再次來到燕子洞和那片墓園。

白天的燕子洞顯得異常巨大而壓抑。夜晚時，黑暗反而成為一種保護，模糊了恐懼的真相；而在日光下，所有恐怖細節都無處躲藏，被迫面對這些真實存在的墓碑反而更加令人不安。當我們回到昨晚的平台，陽光下，我看清了整個斜坡上密密麻麻的石碑。全是灰色、簡單的碑體，有些刻著名字，有些已經風化得難以辨認。

「這裡叫『第十三中隊』。」他終於說出真相，「當年關押政治犯的地方。死在這裡沒有家人領回的人，就被埋在這個斜坡上。」

我站在空地邊緣，看著那些被遺忘的墓碑。昨晚那些無聲的影子，站位全都與這裡的每一塊墓碑精確對應。

我雙手合掌，向它們低頭致意。這一禮，不只是為了昨晚無知的闖入，也是為了我昨天還不知道的過去。當我真正明白這裡是什麼，我只能靜靜地在心裡，對它們說聲——對不起。

第十三中隊公墓

位於綠島東北方牛頭山腳下的「燕子洞」，是大自然鬼斧神工雕琢的海蝕洞穴。在白色恐怖時期，這裡曾是政治受難者火化的地方。洞穴深處常年濕冷陰暗，當政治受難者不敵折磨離世，遺體會暫時安置於此。由於綠島與台灣本島相隔萬重海浪，逝者親友難以即時前來處理後事，獄方便將無人認領的軀體，草草掩埋在附近的斜坡草地中——這便是第十三中隊公墓的由來。

或許正因這些悲慘往事，燕子洞反倒成了島上知名景點，但熟悉當地的人都會告誡遊客，參觀時務必選在白晝，且最好結伴同行。我們在民宿休息時與阿伯閒談曾去過這兩處，他臉色立刻變得凝重，說即便出再高價錢，入夜後也沒有一個島民敢領路前往那個地方。

註：「第十三中隊」是當年新生訓導處的非正式稱謂。正式編制僅有十二個中隊，無人認領的政治犯遺體都被安葬於此無名平台。有人稱之為亂葬崗，也有人說這是他們最後的「站隊」位置——長眠於此者，成了永遠的「第十三中隊」。

無極瑤池金母如是說——未投胎靈

人死了以後，不是所有靈魂都能順利投胎轉世。有些人因為放不下世間的牽掛和執著，他們的靈魂就成了所謂的「未投胎靈」。這些靈魂卡在中間地帶，不上不下，既不能回到人間活著的世界，也無法進入輪迴轉世。它們就像迷路的旅人，飄蕩在陰陽兩界之間。

為什麼人死後會變成這樣的遊魂，而不像其他動物死後能自然地回歸？這是因為人的靈魂意識遠比其他生物複雜。動物死後，多半迅速回歸自然，不留執念，也少見牽涉動物的靈異現象。即使偶有出現，也不會像人類鬼魂那樣，長時間停留在人間。但人類不同，人的思想龐雜、情緒細膩，記憶與想像力極其豐富，這種獨特的心理結構，造就了人類死後與生前截然不同的狀態。正因如此，生前未解的情緒和想法會讓靈魂停留在世間，但這並不是因為不想離開，而是執念無法真正放下。

恐懼和焦慮會讓人想像出未曾發生的事，甚至會穿越時空。因此，人類的心從來沒有安定過，總是無法處於靜止的狀態。死亡那一刻，心靈同樣無法安寧。這就是為什麼在活著的時候，需要學會釋懷，不要到死的時候，還在想：我要去哪？我還有什麼沒處理好的事？我對誰還有怨恨？死後我該怎麼辦？我應該把財產交給誰？我生前有什麼事情還沒解決？為什麼我會這麼痛苦？太多人在人生中會想東想西，死的時候心還在胡思亂想。只要心不停止轉動，死後的靈魂就不會平靜，反而會聚集在某些特定的時空裡。

靈魂滯留人間而未能投胎，其形成是因生前的心識狀態。當一個人臨終之際，心神不寧、意念紛亂，便容易陷入迷茫狀態，無法順利進入輪迴。這種靈魂如同滯留在人世與冥界之間的過客，找不到歸途。會有這種情況主要源於三大因素：執著於生前未了的心願、對死亡過程的強烈恐懼，以及對親人或事物放不下的眷戀。這些強烈的情緒能量會形成禁錮般磁場，將靈魂牢牢吸附在特定的空間或物體上，無法自由離去。此時，靈魂意識雖已脫離肉身，卻無法脫離生前的心理束縛，形成所謂的「未投胎靈體」。

事實上，人類習性帶著警覺，內心難以完全平靜。就像很多人無法安然地睡覺或進食，總帶著潛在的不安。受驚嚇的動物會縮小活動範圍，人的靈魂也會在恐懼中收縮。當生命處於驚恐狀態時，本能驅使人保持高度警戒，靈魂像哨兵般緊張地監視周遭，不斷尋找潛在危險。如果一個人活著時，心裡總是感到不安、徬徨，無論走到哪裡都找不到穩定的感覺，那種情緒會影響死後的狀態。死亡來臨時，這樣的不安心會讓人無法平靜地離開，靈魂也會因此徘徊，變成所謂的「地縛靈」，或無法投胎的靈體。

有些人說，這是因為心中有遺憾，覺得還有未完成的事情，所以才會留在這裡。但其實，問題比表面看起來更複雜。表面上看似是放不下未完成的事，但更深層的原因，是心中的執念讓人無法放鬆。有人對愛情、感情，甚至是對家人的牽掛，這並不一定會妨礙他們投胎。真正的問題在於，如果這些牽掛讓心中充滿焦慮、不安，甚至是怨恨，那就會讓靈魂被困住。當一個人因為心中的執著而無法安睡、放不下，這種執著會變成一種眷戀，讓靈魂停留在原地，無法前行。因此活著時，學會不要讓怨恨和執著困住自己的心。只有心中放下，靈魂才能輕鬆離去，前往更寬廣的世界，不再被這世間的一切所拖累。

不必害怕靈體的存在。人活在自己的意念中，而這些靈體實際上也是一種意念的集合體。當你進入所謂的鬼屋、靈異景點，或是住進某個地方，發現有靈體存在時，要記得以平和的心態面對，用無懼、坦然的態度告訴自己：**我與它們各有歸屬，存在於不同的層次。**

這就像「近朱者赤，近墨者黑」。如果內心充滿平靜和正氣，沒有恐懼，進入這些地方也不會感到害怕。氣場會互相影響，當你活得穩定安定，靈體自然不會對你產生干擾。

氣場是人的精神體投射出來的能量。靈體則是另一種特殊的氣場，是靈體意念和情緒的具體表現。當一個未投胎的靈體存在某個地方時，它會把自己的精神體轉化為一個能量場，並與那個地方原本的氣場互相影響，有時敏感的人會感受到。記住，這樣的互動並不是對抗，而是能量的共振和交流。當你進入某個地方，如果那裡的氣場與你的精神體不一致，許多人會有所感覺，尤其是較為敏感的人。你可能會出現一些身體反應，例如頭痛、頭暈，甚至四肢無力。其實，氣場與靈體本就是密切相關的能量。

面對這樣的情況，你不需要和這個能量場對抗，也不必過度渲染它的恐怖或強大。問題並不在於靈體，而在於自己為什麼會有這麼強烈的反應。這是自我反省的機會：為什麼不能用平常心接納和感受這個能量場？是否在日常生活中，自己的身心靈狀態沒有處理好？

如果進入某個地方感到極度不適，應該檢視自己的生活習慣、作息，甚至是精神狀態是否有問題。每個人的反應不同，未投胎的靈體所形成的能量場也各有差異。若能保持平常心，內心無恐懼，對鬼神的存在有正確的認知，它們的存在就不會對你產生影響。這就像一個和你個性不合的人，只要彼此保持適當的界線，也不會產生劇烈的衝突。

最終，當你感受到未投胎靈的存在時，是否會被干擾，其實不在對方，而在你自己。當內心安住，靈體無所依附；當心清明，場域自會轉化。慈悲，是內心穩定所散發出的力量，而不是表面的悲憫，如此一來，尚未離去的靈，也會因你的穩定而慢慢安歇。

宇色透視

我經歷過太多靈異事件，它們的出現究竟是為了什麼？只是幻象？還是未投胎靈不安的訊號？因此，當我處理卡陰個案、面對精神異常的修行者時，或是再次遇到靈異事件時，心中浮現的第一句話通常是：「你到底想說什麼？」

我們這一生中，有很多話都沒有說完。有時候，我們會用迂迴的方式來表達，希望讓別人知道我們在說什麼、想什麼。或者有時候，我們連自己真正想要什麼都說不出來，這難道不是很可悲的事情嗎？我們希望別人能夠多了解我們，但其實我們也不知道需要別人了解我們什麼。生命中有很多苦痛說不出來，因為我們不了解自己，也沒有心力去了解自己。這就是一種深刻的無奈。

身為人是如此，死後為鬼也是如此。

當我們看到未投胎靈時，要思考的是：它們想說什麼？它們還有什麼話要說？它們的存在其實就像一個沒有說話的人留下的留聲機，不斷地訴說它們生前未說完的故事、被壓抑的情緒和未被理解的心靈。

當我們開始這樣思考時，內心的恐懼就不會無限擴大。接下來，我們可以靜下心來問問自己：「我究竟在害怕什麼？為什麼一個肉眼看不見的存在，卻能如此輕易地撼動我內心的平靜？」這種自我對話很重要，因為它不只能讓我們挖掘內心的恐懼，也讓我們更能理解：那個靈魂究竟想對我說什麼。當我們願意面對、願意聽見，恐懼就不再主導，而是轉化成理解與同理。

靈體與內在恐懼

關於我們所看見的靈體、鬼魂與鬼怪，其實與我們內在狀態有著密切關聯。許多人可能會疑惑：如果處理了自己的內在問題，那些靈異現象對我們的影響真的會減少嗎？我相信，讀到這裡的你可能會覺得這樣的說法難以想像，所以在這裡，容許我分享一個真實故事。

每年農曆七月，我都會在我的 Podcast 舉辦「宇色靈異鬼話」的企劃活動，在網路上招募鬼故事投稿，而我就會在節目上分享投稿的靈異鬼故事。有一則故事發生的地點正好在金門。我想藉由他的經歷來說明：當我們對大多數事情不抱有恐懼，內心更為穩定時，外境對我們的影響確實可以微乎其微。我們暫且將投稿人稱之為老兵。

那位老兵娓娓道來他在金門服役時的奇異經歷。那年冬季的某個夜晚，他與一名學弟分站哨所兩側。夜幕籠罩下的軍事重地，四周寂靜得可以聽見自己的心跳聲。站哨期間，紀律森嚴——不准交談，目光必須筆直前視。

……沙沙……沙沙……沙沙……

微弱的聲音從草叢傳來，起初像風吹枯葉，他們選擇不理會。但是聲音又出現了，這次更清楚，更近。

學弟眼中閃著不安，透過黑暗看向老兵，無聲地問：「你也聽到了嗎？」老兵輕輕點頭，動作很小，但足以告訴學弟他也聽見了。他的目光仍然盯著前方，遵守站哨不能隨便轉頭或說話的規定。

時間在寂靜中慢慢過去，每一秒都像一輩子那麼長。他們以為那聲音會消失在夜色中……但它沒有消失。

那聲音穿過草叢，蔓延到面前的馬路。兩輛軍車寬的道路上明明沒東西，卻有什麼在移動。然後，他們聽見了——鐵鍊聲。沉重的鐵鍊在地面拖行的聲音。

聲音從草叢深處傳來，緩慢但堅定地向哨所靠近……靠近……再靠近……

「學長……」學弟聲音發抖，全身顫抖，「那……那是什麼……」

老兵表面鎮定，內心卻一陣發冷。當鐵鍊聲越來越近時，學弟快崩潰地說：「學長……我覺得……它是來找你的。」

這話像冰水從頭頂淋下。軍營中傳說破百的老兵（再一百天即將退伍）特別容易吸引「不該來的東西」……鐵鍊聲沒停，反而更近。突然，那看不見的東西已站在台階下。哨所的水泥高台成了唯一屏障。鐵鍊聲在他們周圍來回移動，像個看不見的囚犯在巡視、徘徊、觀察……

想像那種窒息感——黑暗中只有鐵鍊摩擦地面的刺耳聲，時遠時近。那東西似乎在試探，在等待，在尋找什麼。

學弟終於受不了。「我、我不行了！」喊完，他的槍掉在地上，跌跌撞撞逃離哨所，消失在夜裡。

而老兵……他只是站著。不是因為勇氣，而是恐懼和軍紀拉扯。離開崗位會被軍法處罰，但留下來……會怎樣？

不知過了多久，那鐵鍊聲慢慢退回草叢深處，消失在夜裡，只留下一個站得像石頭般的老兵身影，和無數無法回答的問題。

第二天，長官問起時，老兵平靜地說了實情。學弟被診斷為心理創傷，送回金門本島治療。老兵沉默地完成了剩下的兵役，平安退伍了。

至於那晚他到底看見了什麼，或是什麼都沒看見……這個問題，可能只有他自己心裡知道。

我在節目上跟他說，雖然不知道他和學弟後來的人生發展如何，但我非常肯定：當一個人面對恐懼時，能夠安然定在那恐懼中，去觀察、覺照這個恐懼，他的個性一定更為內斂，更善於觀察事物。雖然這樣的態度在事業上可能會造成阻礙——他可能錯失許多機會，或因反應不夠快而被認為反應不佳。但反過來說，他不會讓自己陷入危機。這樣的人在事業和生活上至少是安全的。而據他後來回應，真實的他、私底下的他確實如此。

這正是無極瑤池金母在本章節中所傳授的深刻智慧——當我們面對外在恐懼時，不是逃避或抗拒，而是回歸自己內在，去靜心觀照內在的真相。當我們這樣做時，外境的恐懼對我們的影響自然就會減弱。雖然那個拖著鐵鍊的靈體在當時確實存在，但真正的關鍵在於：當你有勇氣回歸內在，直視並處理你的恐懼時，外在的恐懼、不安與無常，對你的影響就會如同風吹過湖面，只有漣漪而已。

* * *

有些人走進靈異景點、舊戰場、陰宅，或廢棄醫院時，會感到頭暈、情緒低落，甚至身體不適，於是下意識地問：「是不是有東西？是不是被纏上了？」

這樣的直覺反應，往往看似合理，卻忽略了另一個更關鍵的層面：這些感受可能不是靈體引起，而是潛藏內在的情緒被場域共振放大了。

很多時候，所謂的「靈異干擾」其實是我們內心深處還沒處理好的焦慮、愧疚、傷痛，在那個特殊的空間裡被放大、喚醒了。那不是靈體來找你，而是你的潛意識正在說話。

一個內心長期壓抑、充滿矛盾的人，走進那樣的場域時，很容易就會「感覺到什麼」，但那些感覺其實是他內心投射出來的劇情，而不是靈體真的存在。真正的干擾不是場域本身造成的，而是我們自己對未知的恐懼，加上內在的不安，一起交織出來的。

有些人走進大家說很「陰」的地方，卻什麼都沒感覺，其實可能有很多原因。也許他們本來就不相信這類事情，或是當下的情緒能量和那個空間沒有產生共鳴。有些修行者進入這類場所也能保持平靜，這不代表他們比較厲害，也不一定是靈性比較高。可能只是他們的內在沒被觸動，也可能是他們對這類經驗早已有所理解與準備。

每個人與空間互動的方式不同，這些感受只是自然發生，沒有標準答案，也沒有高低對錯。我們要學會尊重每一種經驗，不急著判斷，也不需要去解釋誰對誰錯。能保有這份開放和不預設的心態，才是真正面對未投胎靈的應有態度。

所以，我們真正該問的是：「我感受到這些，是靈體在說話？還是我潛意識裡那個沒被看見的自己，正在藉這個機會對我說話？」所謂的「靈異」，往往不是為了嚇人，而是提醒你：你準備好了嗎？去看清那個一直藏在你心裡、還沒甦醒的自己？

＊　＊　＊

這種對靈體恐懼轉向內在的退省，同樣也適用於在靈修過程中遭逢靈性歧路的人。我曾遇到一個女個案，她被家人帶來找我，她堅定地說她是外星人轉世，特別清楚地指出是來自美國五十一區的外星人。我沒有否定她，而是關心地問她：「你有什麼想要跟家人表達的嗎？」我選擇不否定她的說法，因為如果將她的話視為虛構，我們之間的對話將立即中斷。

在通靈問事中，傾聽和理解比否定更為重要。個案在與我交談時，總是說這個肉體很痛苦，她的丈夫不了解她，她的家人也不了解她。她以第三者的口吻引導我去看待她這個本體。為什麼她有話不說？為什麼她內心有這麼多無人知曉的苦？從小到大承受的壓力又有多少是不為人知的？我便詢問她：「可以幫我回答你的苦在哪裡嗎？」這位「外星人」搖搖頭說，她也說不出來，因為她的苦太深了。這正是許多人內心深處的寫照：苦痛深重，卻難以言喻。

承如無極瑤池金母所教導的：「活著時，要學會釋懷，不要讓怨恨和執著困住自己的心。只有心中放下，靈魂才能輕鬆離去，前往更寬廣的世界，不再被世間的一切所拖累。」

人生在世，我們都在不斷地往生命的終點前進。在這趟旅程中，我們需要學會如何釋放內在積累的苦、願、恨與割捨不下的情感，讓這些沉重慢慢從靈魂中昇華。這條淨化之路是艱辛的，特別是當我們漸漸變老，內心反而會變得更加封閉，更不懂得如何讓心靈真正地放鬆。

因此，許多未投胎的靈會留在人間，是因為它們在人世時，想說的話沒說出口，想表達的苦沒有人聽，也從來沒有被真正理解。如果我們不希望未來的自己也帶著這樣的遺憾徘徊不去，就要從現在開始練習——釋放內心的苦，不是壓著，也不是等著別人來懂，而是自己主動說出來，讓真正願意理解的人有機會靠近。不要等到老年或家人離開，身邊沒有人了，才發現自己有多麼孤單，有太多話沒說、有太多從來沒被人看見的自己。生命短暫，唯有真誠的溝通，才能撫平內心的創傷。

本篇所述的故事是根據我實際經歷所寫。我希望各位讀者若前往這些地方，請懷抱更深的敬意與尊重。這些場所承載的不只是靈異傳說，更是無數家庭的傷痛與淚水，是一段難以抹滅的沉重歷史，請勿以獵奇或消遣的心態造訪這些地方。我寫下這些經歷不是為了渲染恐怖，而是想表達，即使歷史已成過去，它仍在我們的時空中留下深刻印記。無論是本文提及的第十三中隊、將軍廟、山灶村、綠島，或其他類似場所，都是歷史的見證，需要我們以沉重心情和謙卑態度去正視、反思。

歷史的傷痕需要被記住，但更需要被尊重。願我們在面對這些特殊場所時，能懷著對逝者與歷史的敬意，保持應有的莊嚴與沉靜。

隨著年紀漸長，許多事你會越來越熟悉，
但唯有一件事，需要你不斷練習：
以一種旁觀的心，觀看生命中的每一幕——包括無法解釋的現象。
別急著恐懼，也別急著理解，
只需靜靜地看，覺察它的存在。
無需對抗，也無需相信，只有觀看。

當你能以此心看待鬼怪與靈異，
你會乍然發現：
當下，是唯一真實的。其餘，皆無。

？探問

①什麼樣的地方最容易成為靈異之地？

靈異之地往往是大量生離死別、悲劇發生的所在。當生命在未準備好的情況下驟然終止，如戰場、災難現場、廢棄醫院、屠宰場、亂葬崗等，靈魂與意識會在強烈的情緒中凝滯，不易釋懷或離去。這些地方累積了人類的恐懼、哀傷、遺憾與未竟之願，形成濃厚的集體潛意識殘影。若人類再以恐懼與戲謔對待，便會激發這些靈性殘留的場域活性，使其成為感知敏銳者容易「撞見」的靈異熱點。

②當一個地方反覆出現亡者顯現，這是在傳遞什麼訊息？

亡者的顯現，往往是一種「訊息性干擾」，而非單純的靈異事件。它們可能在訴說未完的心願、未被伸張的正義，或僅僅是想被理解與記得。正如文章中「無頭部隊」的象徵——那是忠誠未竟、責任未安的集體心念。當亡靈一次次顯現，它們是在提醒活著的人：「請不要遺忘我們的存在，也不要忘記這片土地曾經發生過什麼。」這是對歷史的召喚，更是對人心的叩問。

③往生者在什麼條件下能夠成為「神」或地方的守護靈？

亡靈能否轉化為神，關鍵在於其靈格的昇華與願力的純粹。一位往生者，若生前展現了崇高的精神、捨身守護的行動，並在死後長年受民間崇祀，香火代代相傳而不絕，靈識便可能在信仰之力的淬鍊下昇華為神。這是「靈性轉化」的過程，也是天地允許亡靈繼續護持人間的殊勝因緣。正如文章中的李光前將軍，不是因死而成神，而是因「無悔守土、死後不棄」的精神，成就了他的神格。

④當我們真的遇到「鬼」，應該怎麼處理才是正確的態度？

面對靈異事件時，首要的是穩定自身氣場，切忌恐懼。恐懼是靈界最容易共振的情緒，會吸引更強的靈場干擾。我們應以平靜、尊重、不侵犯的態度對待這些靈體。正如文中所示，設下結界、誦持靈咒、穩住心念，皆是保護自身的方式。但更深層的處理，是從理解與慈悲出發：它們為何出現？有何未竟的訊息？真正強大的修行者不是與靈抗衡，而是能讓對方感受到你的穩定。那份穩定會讓對方選擇離開，不是因為你驅趕了它，而是它終於被看見。

⑤我該怎麼做，才能在往生之後不會成為未投胎的靈魂？

避免成為未投胎靈，最根本的是在活著的時候，修煉內在的穩定與釋放。死後是否能順利轉世，關鍵不在神明或外力，而在於死時的「心念清明度」。正如無極瑤池金母所言：「當人心無法安靜、不停旋轉，靈魂就像被困住的能量，無法自由流動。」若帶著怨、恨、懼、戀、悔離世，靈魂將無法超脫，滯留於人世間，成為「遊魂」或「地縛靈」。因此，活著時要學會放下，不壓抑、不逃避，面對生命的真實、釋懷過往的糾結，讓自己的心靈達到「無牽無掛」的境地。當你能自在而清明地活，死後自然就能安然離去，不再逗留人間。

⑥為什麼真正的靈異經驗，往往是在「不刻意追尋」的情況下發生？

近年來，隨著靈異類YouTube頻道的盛行，越來越多人喜歡探訪各種陰地、凶宅、靈異熱點，期待能「撞鬼」或捕捉異象。然而，大多數人在這些場合中，其實看不見任何東西。除非是人為安排、刻意營造的效果，靈異現象通常不會如願出現。

這是因為靈界的本質是一種無為的、被動的存在，它不會因為人類的慾望而配合展現。越是刻意追尋、過度設想、帶著強烈的預設與期待，反而會干擾能量的自然流動，甚至阻斷原本可能浮現的靈性感應。真正強烈、不可思議的靈異經驗，往往發生在最平凡、最無防備的日常時刻——可能是一座寂靜古寺的轉角，或是霧氣瀰漫的荒村夜路。

靈異現象不是被你「找出來」的，而是你成為一個「能被看見」的存在時，它自然會顯現。當心性無欲無求、氣場清明無執，不設定、不主導、不控制，你的靈性頻率便會與另一個維度接上線，那些潛藏的能量也才可能浮現。真正的顯現，不是來自尋覓，而是來自敞開與允許。

⑦為什麼在靈異經驗中，「不動心」反而是最有力的防護？

靈體感知的是能量，不是語言。當你心慌、懼怕、混亂，它們就會靠近；但當你內心穩定、無懼、如如不動，它們反而會止步。我在山灶村中設下結界、穩住靈力、結手印持咒，並非出於控制或對抗的動念，而是因靈識清明、氣場自穩，自然啟動的靈性運行。這不是為了「趕走」什麼，而是讓自身保持在不共振的頻率中。真正的修行不是從恐懼出發，而是從清明出發。

而即使不懂修法、不會誦咒，只要內在心念穩定、專注，不驚、不懼、不侵犯，也同樣能形成保護。靈體感知的是你當下的頻率與能量狀態，而非你是否懂法術。只要心不亂，自然就是結界；只要氣不退，靈體就無從穿越。那份如如不動的穩定感，才是真正深層的力量。

⑧真正看得見靈體的人，和一般人有什麼不一樣？這種能力是與生俱來的，還是可以培養？

其實在整個過程中，我並不是用肉眼看見靈體，而是在心中浮現出非常具體的影像。雖然是內在感知，但那個形象的輪廓、性別、樣貌，在當下其實都非常清楚。我知道那是誰、是什麼樣的存在，而不是模糊的感覺。這也是靈修人和一般陰陽眼或通靈者的不同之處——依靠的是內在的靈識，而不是外在的視覺。

每個人對靈的感受方式不同，有人看得見、有人只感覺得到，也有人什麼都不遇見，但這些方式並不重要。真正的重點，是我們是否能穩定自己、安住當下的心。如果以獵奇或炫耀的心態看待靈界，最終只會被自己的心識帶偏。

至於「看見」這件事是否能培養，我覺得它不是關鍵。有些人天生就有，有些人一輩子都不會碰到，這一切本就各有安排。**我始終相信，比能力更重要的，是我們是否願意誠實地面對內在的黑暗與不安。**至於更細節的靈界畫面與感知，在後面的章節我會有更完整的說明。

⑨我們能為那些未投胎的靈魂做些什麼？

我們能做的不一定是大法會，也不必是道場的誦經。有時候，**一句心底的祝禱、一份理解與記得，就是最深的超渡**。文章中提到的那些靈魂，不是要嚇人，而是還想說一些沒說完的話。它們的存在，就像卡在空氣裡的舊錄音，一遍一遍重播，只希望有人願意聽。我自己在金門、綠島遇過太多這樣的靈，它們不是要干擾你，只是想被你看見、被你記得。所以我常說，**你如果願意停下來，對著它們說一句「我知道你曾經在這裡」——這就夠了**。

當然，如果你熟悉誦經、持咒，或有固定的修行方式，那更好。但即使沒有，也不必覺得自己幫不上忙。真正的助念來自心，而不是形式。你若真誠，它們會知道。

禪寺幽途··日本古剎的陰陽界限

提到日本旅遊，大多數人腦海中浮現的畫面，不外乎是熱鬧的購物街、精緻的美食、雪花紛飛的雪季，或櫻花飄落的季節。然而，在這些光鮮亮麗的觀光景點之外，還有另一個截然不同的日本——那些藏身於街道巷弄間，甚至位在深山密林中的古老寺院，正靜靜地等待被發現。

這些樹立在日本各地的古寺，見證了這個國家從佛教立國到今日的漫長歷史。耐人尋味的是，部分寺院因地處偏僻，意外地躲過了二戰轟炸，得以完整保存千年前的原貌。走進這些古寺，你會發現時間彷彿在這裡停滯：斑駁的木柱上留著歲月的痕跡，青苔爬滿了石階，古老幽暗的佛像安靜地矗立在神龕內。

穿越時空的靈性體驗

當你站在這些年代久遠的古剎中，總會感受到一種說不出的氛圍——那不只是單純宗教場所的莊嚴寧靜，而是超越表面的詭譎陰冷。作為一位靈修人，我深知每座古剎不僅是供人參拜的地方，更是連結陰陽兩界的重要樞紐。

正是這份獨特的感知能力，讓我在每次造訪時，都能捕捉到常人難以察覺的細節。在我近三十次的日本之旅中，走訪過大大小小城市裡數不清的寺院。每一次的參訪經驗都讓我越發確信：這些古寺不只是參拜場所，而是極其特殊的靈界空間。在寺院裡，人與神明的關係似乎變得格外親近，而我們平常感受不到的存在，在這裡也顯得格外真實。特別是深山古剎，當清晨的霧氣瀰漫，木魚聲迴盪在幽靜的廊道時，你會感覺自己就像踏入了介於現實與靈界之間的空間。

在日本，靈異信仰不僅僅是恐怖故事，更深刻地影響了歷史與社會，並與皇權與宗教交織出一套獨特的秩序。其中陰陽師、怨靈與佛法共同維繫著天地間的平衡，形塑出不一樣的靈性世界。然而，這種平衡並非永遠穩固，一旦陰陽失衡、靈魂無法安息，便會產生怨靈，影響人間。

陰陽師與怨靈的糾葛

在日本，陰陽師扮演著維護陰陽調和的重要角色，其中最具代表性的人物便是安倍晴明（921—1005年）。他不僅擅長占星與驅魔，更精通陰陽道這門關乎天地運行的智慧。他透過操控星象、靈氣與符咒，保護王權不受妖邪侵擾，傳說中他甚至能召喚式神，與異界溝通，確保靈界與人間的平衡，避免災禍降臨。

然而，並非所有不安的靈魂都能在陰陽師的調和之術下獲得安息。在日本古老的信仰體系中，某些靈魂因怨恨過深或死因過於獨特，超出了一般術法的安撫範圍，最終轉化為強大的怨靈，持續影響人間。

日本信仰中，含恨而亡的靈魂若未能妥善安撫，便會轉化為怨靈影響世間。這種現象催生了獨特的「御靈信仰」——冤死之人若未獲得超渡，將對歷史產生深遠影響。

崇德上皇（1119—1164年）是日本三大怨靈之一。他因政變失敗被流放至讚岐，最終在怨恨中去世，死後被認為帶來戰亂與天災，甚至影響了源平合戰的爆發。

早良親王（750—785年）也因政治鬥爭被幽禁、絕食而亡，死後怨氣未消，導致接連不斷的天災，最終桓武天皇不得不舉行鎮魂儀式，以平息他的怨靈。

菅原道真（845—903年）則展現了另一種形式的怨靈轉化。他原為朝廷重臣，卻因政敵構陷被流放九州，含恨而終。死後，京都雷擊頻發，政敵相繼暴斃，世人認為這是道真的怨靈作祟。為了平息他的怨氣，朝廷選擇將他神格化，封為「天滿天神」，成為學問之神，展現了日本信仰中「怨靈可透過信仰昇華為守護神」的獨特觀念。

與陰陽道的術法不同，佛教則主張透過超渡亡靈，使其得以解脫。空海（774—835年）作為真言宗開山祖師，傳說能與鬼神溝通，並以密教法術降伏怨靈，使其轉生。他強調，一切靈魂皆可透過修行得度，不應以暴制暴，而應以佛法引導。

最澄（767—822年）則推崇《法華經》的救贖力量，認為「一切眾生皆可成佛」，即使是怨靈亦能轉化為善神。而元三大師（912—985年）擅長護摩修法與占卜，甚至據說曾施展「鬼占術」，與妖魔對話，並以佛法降伏惡靈，使其獲得解脫。

這些高僧的傳說深植於日本文化，提供了與陰陽道截然不同的靈魂救贖途徑。

京都作為擁有千年歷史的古都，至今流傳著許多靈異傳說。六條河原院據說是無數無主亡魂徘徊之地，甚至影響了平安時代的衰落；二條城的「血天井」則與豐臣政權的沒落有關，據說許多人曾目睹身穿華服的女子幽魂徘徊其中。

清水寺附近流傳著「安珍清姬」的淒美傳說，講述了一段因執念化為大蛇的愛情故事。六道珍皇寺被視為通往冥界的入口，每年陰曆七月都會舉行特殊的祭祀儀式，而八坂神社則供奉著因冤屈而死的亡魂，展現了日本獨特的「御靈信仰」。

日本歷史上還有一些充滿魔力卻命運多舛的人物。據傳因魔力而遭遇非命的平清盛，以及被稱為「京都魔王」的織田信長，他的死亡更被認為與京都的靈性力量息息相關。這些人物的故事不僅是歷史，更是日本靈異文化的重要組成。

或許正是這些靈異傳說與信仰體系，使日本的土地充滿了神祕而強大的能量，激起人們無法抗拒的探索慾望。日本獨特的靈魂觀與宇宙觀，透過陰陽師、怨靈與佛法的交織，形成了完整而深邃的靈異世界。而這正是驅使無數探靈者前往日本的真正原因——在這片土地上，怨靈並非傳說，而是真實存在的恐怖。每年都有探險者失蹤或精神崩潰，卻仍有絡繹不絕的人被吸引而來，因為只有在這裡，古老的靈界與現世的界限被磨損到幾乎不存在。那些膽敢踏入的人，往往會帶回遠超過他們理解能力的東西——有些甚至不是獨自一人回來。

在本章中，我想帶領大家走進不一樣的日本寺廟世界——不是用觀光客的視角，而是以能感知靈界能量的修行者角度，揭開千年古剎背後不為人知的神祕面紗。這些並非道聽塗說，而是我親身經歷的靈異際遇。每一次超自然的體驗，都像一把鑰匙，為我梳理了古剎與靈界之間的奧祕關係。當你跟隨我的腳步，或許也能在下次造訪時，感受到這些古老建築中流動的特殊能量，以及存在於人世與靈界之間的微妙平衡。

我在日本的靈異經驗比一般人想像的還要多，但每個故事都不長，因此這次會集中分享在比叡山、高野山和恐山這三大聖山裡，親身經歷的靈異體驗。除此之外，也會分享我在日本各地寺廟參訪的過程中，遇到的一些難以理解的玄異之事。

踏入陰陽境界：高野山奧之院的冥界之徑

和歌山靜臥於紀伊半島之巔，被蒼鬱叢林環繞，彷彿天地間的一方淨土。這片土地承載著千年靈氣，散發著超越凡塵的神祕色彩。自古以來，和歌山被視為神明駐足的聖域，神道教與佛法在此和諧交融，如同天人合一的明證。

而高野山，這座孕育著日本最古老密教傳統的聖山，靜默佇立於和歌山群峰之中，宛如一顆明珠，照亮尋道者的心靈之路。在這裡，每一棵古木、每一縷山霧，似乎訴說著永恆與超脫的智慧。它不僅是弘法大師空海修行的道場，更是他開創真言宗的搖籃。自西元八一六年創建以來，已經在日本傳承了一千二百年之久。高野山在江戶時代（1603—1868年）達到巔峰，當時擁有超過兩千座寺院。時至今日，仍然留存著許多遺跡，見證這座聖地悠久的歷史與深厚的宗教傳承。

其中最震撼人心的，莫過於綿延兩公里的奧之院。在這片幽靜的杉木林蔭下，安眠著近二十萬座墓碑，其中包含了諸多歷史名人。戰國時代的風雲人物——織田信長、豐臣秀吉、德川家康，都在此立有供養塔。看著這些墓碑，我不禁有些感觸，這些人生前刀光劍影、見面就要拔刀相向，現在卻安安靜靜地躺在同一片淨土裡。說也奇妙，那些曾經的恩恩怨怨，在這裡都化作了一片寧靜。他們再也無法站起來爭鬥，只能默默地做永遠的鄰居。想想看，生命中的對立真的那麼重要嗎？生命走到最後，我們都得用這樣的方式，學會跟彼此握手言和吧。

高野山最不思議之處，莫過於弘法大師的御廟（Gobyo）。根據史料記載，弘法大師於貞觀七年（835年）永久入定。傳說大師並未離世，而是進入了超越生死的深層禪定境界。每日晨曦，僧人仍虔誠地為大師送上早齋，這個神聖儀式綿延千年，從未間斷，演繹著一場佛法不滅的修行。御廟前方的燈籠堂中，兩萬盞長明燈日夜不滅，如同弘法大師的大願，永恆照耀著這片充滿靈性的聖地，守護著每一個尋找心靈安歇的求道者。

結界

山門不僅是寺廟的入口，更是通往佛門世界的神聖結界。當人們穿越山門，就象徵著將世俗的煩惱、責任與憂愁暫時放下，進入清淨的修行之境。懷著對這份神聖的敬意，我

高野山山門

選擇在這個平凡的早晨前來參訪高野山。

當我在早晨十點多踏入山門時，太陽正高掛天際。我如往常般收攝心神，拋去雜念，以虔敬的心態步入這座千年聖地。然而，一切在我踏入山門的剎那徹底變了樣。映入眼簾的是一片寂靜遼闊的墓園，右側密密麻麻地排列著深灰色的墓碑，每一座都莊嚴肅穆地佇立著，散發出莫名的威嚴。我放慢腳步，細細端詳著這些帶著濃厚日式風格的墓碑，欣賞著其中獨特的線條與雕刻。

就在這時，毫無預警地，一股異樣的感覺襲來。彷彿被一個無形的巨大氣泡完全包覆，又像是有誰用一雙看不見的手，輕柔卻堅定地摀住了我的耳朵。霎時間，原本環繞四周的聲響——鳥兒的啁啾、昆蟲的鳴叫、腳踩在碎石子路上的細碎聲響，全都消失得無影無蹤。世界陷入令人不安的死寂，連空氣都彷彿凝結了。我的頭皮一陣發麻，渾身僵直，站在原地動彈不得，內心湧上一股難以形容的恐懼。這種感受前所未有，就像現實的邊界正在我眼前扭曲變形。

高野山墓園

我強迫自己後退幾步，那股詭異的感覺立即如潮水般退去。可當我鼓起勇氣，再次向前邁進時，那股令人窒息的耳鳴與扭曲的空間壓迫感，又如影隨形地籠罩了我全身……

不僅如此，整個時空就像被調慢了速度，空氣變得異常黏稠而沉重，讓每一次呼吸都變得費力。我的意識開始恍惚，似乎與軀體產生了微妙的分離，飄浮在身體表面幾公分的位置。我緩緩抬起手，仔細端詳著自己的五指，卻發現手腳與身體之間產生詭異的疏離感，就像隔著一層若有似無的薄膜。那一刻，一個念頭閃過腦海——這會不會是一道無形的結界？

為了驗證這個想法，我小心翼翼地在原地來回走動，反覆試探。很快就發現，這種異常的感知確實總是在特定範圍內出現，就像踏入某種看不見的能量場。每一次進入這個區域，那股奇異的感覺就會準確無誤地襲來，彷彿真的存在著一道無形的屏障。

當這個推測逐漸成形，我立即調整呼吸，運轉內息，引導元神脫離肉身，轉化為純粹的靈識狀態。感知如同清泉般向四周流淌，穿透表層的時空藩籬，以元神之眼審視著這片充滿神祕的領域。我就在元神帶領之下感受四周，搜尋結界可能的源頭，並且隨著意識不斷擴張，墓園兩側的景象漸漸發生變化——兩座莊嚴的五重塔逐漸顯現，巍峨地矗立在霧氣之中。塔身上密密麻麻地刻著密宗的神聖符號：金剛界曼荼羅中的種子字綿延盤旋，五鈷杵的紋樣交錯其間，蓮華寶座的圖案層層疊疊，彷彿是鎮守天地之門的神聖印記，散發著古老而神祕的能量。

隨著元神靈識的深入感知，我漸漸領悟到，這兩座五重塔絕非表面所見的普通建築。它們是精密的密法樞紐，如同支撐法界的巨柱，編織出層層交疊的無形結界，籠罩整片墓園，使無數亡者的靈識得以在此安然長存。

再來，透過元神之力的細微探察，我愈發確信，作為日本三大靈山之首的高野山，必定在空海大師開山之初，就以其無上密法佈下這道玄妙結界。而這些烙印著密宗符號的五重塔，應是維繫整個結界運轉的關鍵節點。我不禁推測，在高野山的各處，或許還隱藏著更多相互呼應的結界樞紐，共同交織成錯綜複雜的靈性網絡，讓陽世與幽冥得以在此和諧共存，使人間行者能無礙往來。

高野山奧之院安置了二十餘萬座墓碑，是歷代高僧與虔誠信眾的永恆歸所。然而，這片浩瀚的墓園卻瀰漫著祥和寧靜的氣息，不見半點陰森可怖之感，反而讓人心靈深處湧現難以名狀的安詳。或許，這就是弘法大師所設結界的妙用——其力量不僅守護著生者的心靈安寧，更讓千萬亡者得以安然憩息，實現了超越生死的和諧。

佇立於此，我不禁對弘法大師生出無限敬仰之心。眼前的結界，已然超越了單純的法術範疇，而是一位大徹大悟者以千年願力凝聚而成的無上道場，一座承載著密法精髓與無量智慧的神聖領域。在這裡，生者得以洗滌心靈，亡者能夠安然長眠。弘法大師以永恆不滅的誓願守護著這片聖地，確保亡者的靈魂能夠安息，不致驚擾人間。這道玄妙的結界，不僅調和著靈界與人界的微妙平衡，更將這片土地昇華為一處超越生死界限的聖境。

那股時空扭曲的感覺漸漸消退，或許是因為身體逐漸適應了這片土地的靈異氣息。人的適應力總是如此奇妙，方才那突如其來的神祕體驗不僅沒有嚇退我，反而激起了我對這座聖地更深的好奇。懷著既戰慄又期待的心情，我沿著參道繼續前行，來到了一座莊嚴的大殿前。

僧靈

高野山由八座山峰環繞，宛如一朵八瓣蓮花，而諸多殿宇便座落於這片蓮心寶地之中。在眾多建築中，某座朱紅色的道場建築吸引了我的目光。堂內幽靜無聲，殿內的陳設早已模糊，只記得當時空無一人，微光透過窗櫺映入，映照著寂靜的空間，而異常的低溫，則更添幾分陰森寒意。

就在我獨自參拜之際，餘光忽然捕捉到一抹暗影從斜對面的轉角處悄然滑過——那身形輪廓，那件事務衣，像極了一位日常清掃的出家人。

「原來殿內尚有他人……」

我不自覺地朝那方向邁步。

然而，轉角處……空無一人。

僅僅數秒，他卻憑空消失了。

空氣凝固了，連呼吸都變得沉重。正當我質疑自己的感官時，那道身影竟重現於我方才佇立之處——同樣的輪廓，同樣地一閃即逝。

僧靈所在

殿內古老的木柵欄立如門扉，在縫隙間，那黑影若隱若現，時而顯露，時而消融。我的理智仍在苦苦掙扎，試圖為這違背常理的現象尋找合理解釋，「或許……只是他的步伐太輕盈？」

帶著揭開真相的執念，我快步向前，卻再次被空蕩的迴廊與沉寂的空氣嘲弄。

寺鐘驟響，思緒如電光閃過——這位身著事務衣的出家人，是否從未離開？他的靈識是否仍在這座他守護了千年的道場中，日復一日，年復一年，循環往復地完成那永恆未竟的職責？

而我……是否只是偶然闖入了時間的縫隙，成為了那永恆循環中的一個過客？問題懸在空中，殿堂深處卻無人回應。

這裡是高野山，一座擁有一千兩百多年歷史的神聖佛門道場，為何會出現鬼影？若說是一般的鬼魂，為何能在這般清淨的佛地遊蕩？或許，那道身影是某位生前在此苦修的出家人，即便形解神散，靈識仍眷戀著他曾經修行的道場？懷著這些無解的疑問，我步出了這座古老的建築。然而，我卻不知道，這座千年古剎即將帶給我的震撼，遠比方才的相遇更加深刻。

御廟

隨著漸行漸深，參道兩側林立的墓碑與慰靈碑愈發密集，一股無法抗拒的牽引驅使著我持續前行——最終，我來到了弘法大師的御廟之前。

御廟坐落於高野山奧之院的最深處，不僅是空海大師的安身之所，更是這座聖山最為神聖與神祕的淨土。

踏上通往御廟前的那座橋，一股前所未有的強大力量驟然襲來，猛地將我往前拉扯。這股力量深邃而神祕，彷彿直接喚醒了我沉睡的靈識。

雖然我修行多年，卻從未感受過如此

強烈的牽引之力。剎那間，一個念頭閃過腦海——這或許正是弘法大師千年入定所凝聚的願力與定力，穿透時空的藩籬，召喚著有緣之人。

步步漸近大師入定之處，那股吸引力愈發強烈，幾近不可抗拒。我的雙手開始發麻，意識一陣恍惚，整個人就像被抽離現實世界。深吸一口氣，我讓自己沉澱下來，隨即轉入元神意識——就在那一瞬，眼前的世界突然轉換。

當我閉上雙眼，卻「看見」了一片無邊無際的幽黑，那片黑暗中蘊含著難以言喻的祥和寧靜。我的靈體被某種力量牽引，一股純然的靈動之感湧現，一套玄妙的靈拳自然流轉而出。在這片虛空中，時間彷彿失去了意義，我的元神意識不斷沉澱、提升，漸漸進入前所未有的空明狀態。

不知過了多久，我的身軀自然而然地向虛空行起大禮叩拜，一次又一次。靈魂深處千年的記憶在此刻甦醒，牽引著我完成這神聖的朝聖儀式。當我試圖讓元神歸返肉身，卻發現自己依然安住在這片神聖的境界之中。

一股溫和而堅定的力量，讓我得以在此安然停駐。我佇立其中，感受不到絲毫疲憊與重量；即便是現實中灼熱的炎陽，在這裡也消失得無影無蹤。相反地，我感受到前所未有的安詳與超脫，完全擺脫了物質世界的束縛。

此時此刻，我彷彿融入了一名開悟者，弘法大師的靈境——那是與天地完全合一的境界，一種超越言語的通透。若弘法大師真的就在眼前，他所展現的，想必正是這種不可思議的通透之境。我無法也不想去執著什麼，甚至不需追求任何體驗，然而，在這片清明的法界之中，我的心靈已然徹底融化——所有的煩惱、焦慮，乃至對生命的困惑，都在這一刻消融無蹤。這便是超越現實的絕對之境，是真正「空」的體現。

當元神緩緩歸返肉身，我在御廟前再度虔誠頂禮。一股難以抑制的感動湧上心頭，淚水不自覺流下。二十餘年的靈修歷程中，從未有過如此深刻的體驗，竟在異邦他鄉、在與素未謀面的大師道場中獲得印證。

或許，這正是某種宿世的因緣。一段與密教的深厚淵源，讓我得以在這片聖地與弘法大師產生這般不可思議的「默傳」，恰似密法中最為深奧的「上師相應」法門。

延燈千年：比叡山不滅明燈的聖境

比叡山，矗立於京都與滋賀交界的靈山，不僅是日本天台宗的聖地，更是千年來孕育無數高僧的修行道場。自延曆七年（788年）傳教大師最澄開山以來，這片佛國淨土便在日本佛教史上烙下不滅印記。法然、親鸞、道元、日蓮等諸位大師皆出自此山，他們延續了最澄法師的法脈，為日本佛教開創出繁花似錦的諸宗格局。

平安時代，比叡山成為天皇與貴族虔心祈願的道場。然而，命運的無情在元龜二年（1571年）悄然降臨——織田信長因忌憚比叡山的勢力威脅政權，發動了「比叡山燒討」。頃刻間，山上數百座堂塔化為灰燼，超過三千名僧侶與百姓慘遭屠戮，聖地頓時成為人間煉獄。自此，這座佛門聖地便籠罩在難以言喻的幽暗氣息中，彷彿三千亡魂的不甘與怨念仍縈繞山間，隨著晨鐘暮鼓低吟不散，靜靜訴說著那場血與火的浩劫。

即便經歷劫難，比叡山的神聖光明卻從未熄滅。在延曆寺根本中堂內，有一盞名為「不滅之法燈」的聖燈（不滅の法灯），自最澄大師於平安時代開創比叡山以來，已燃燒千餘載，從未中斷。即便在元龜二年織田信長焚毀延曆寺之時，僧侶仍護持燈火火種，於戰亂過後再次點燃，使法燈延續至今，象徵佛法不滅的願力與信仰之道永續流傳。

這盞法燈如同比叡山天台宗的靈魂，照亮了日本佛教史上最黑暗的時刻，也見證了信仰超越世俗摧殘的不朽力量。

不滅之法燈

我造訪比叡山時正值寒冬，天空飄著雪花，空氣冷得讓人直發抖。因為山上設有纜車，所以我搭乘纜車上山，一上山頂，第一個目的地就是去看比叡山最著名的「不滅法燈」。這盞千年明燈就在「根本中堂」內，而根本中堂的建築非常特別，是層層疊疊向上延伸的結構。這座建築最早是由開山祖師最澄所建，原本只是一座供奉藥師如來的小佛堂。隨著天台宗的發展，到了平安時代，它逐漸擴建成一座宏偉的寺院建築群。可惜在戰國時代遭到織田信長焚燒，幾乎全毀。現在所見的根本中堂，是在江戶時代重建的。

最原始的根本中堂位於最底層，雖然無法直接走下去，但站在上方依然能夠俯視那片充滿歷史痕跡的泥土地基。「不滅法燈」就供奉在堂內較低處的傳統木造區域（此處禁止攝影），而為了保護這珍貴的木造結構與法燈，整個建築外部特別加上了鋼骨結構來鞏固。

殿內極為昏暗，只有寥寥數盞燈火搖曳，營造出深邃的神祕感。這樣的設計本應讓人沉浸在肅穆莊嚴的氛圍中，然而，我的感受卻截然不同。

在注視遠處不滅法燈時，一陣又一陣難以形容的寒意從心底深處湧現。這種寒冷與外頭的冬寒完全不同，是發自內心的顫慄。在這座古老建築的縫隙間，彷彿潛藏著某種無形靈體的存

比叡山根本中堂：外部鋼構包覆著的，是供奉「不滅法燈」的古老木造核心。

在。轉換到元神意識去感知，情況卻更加詭異——我的靈識傳來的唯一訊息就是：「離開這裡。」最讓我困惑的是，我竟然感受不到一絲絲佛堂該有的寧靜祥和，取而代之的是莫名的壓迫感，一種催促著我離開的力量。究竟是單純的寒冷天氣造成這種異常的感受，還是這座千年古剎中真的存在著某些超自然力量？

在這神聖之地、千年法燈庇佑之所，為何會有如此明確的靈體氣息？

或許，答案並不單一——繼續讀下去，自會有所領會。

道元禪師得度靈跡

離開根本中堂後，我踏上了比叡山的朝聖之路。這座靈山自古以來便籠罩著莊嚴而神祕的氣息，更因其嚴苛的「千日回峰行」修行而聞名於世。千日回峰行絕非尋常的修行，而是考驗生死意志的艱辛道路。修行者需在七年的時間裡，於凌晨兩點左右起身，每日在比叡山險峻的山道上徒步跋涉約三、四十公里，虔誠地巡禮眾多寺廟與神社。這樣的步行日累計約為九百七十五天，其艱苦程度絕非一般人所能想像。這僅是修行的前半段。

進入第五年後，修行者將面臨更為嚴酷的考驗——「堂入」（籠山）。這是一段長達九天九夜不飲食、不飲水、不眠不臥的極端苦行。在此期間，修行者並非完全靜止，他們會在每日凌晨時分起身前往附近的井取水，以供奉不動明王。其主要功課是不斷持誦不動明王的真言，目標是誦滿十萬遍。如此近乎斷絕生息的修行，無疑是對身心極限的嚴峻挑戰。

據說，每位決意踏上千日回峰行之路的修行者，都會準備一條自縊的繩索和一把短刀。這並非威脅，而是堅定不移的決心象徵——若在途中因意志薄弱而放棄，他們將以自裁來實踐其誓言，這是關乎生死的莊嚴承諾。唯有完整走完這近千日艱辛的修行，並通過後續考驗者，方能被尊稱為「大阿闍梨」，受到人們極高的敬重。雖然並非嚴格意義上的「活著的佛」，但其所展現的堅毅與修行成就，在信徒心中如同佛陀的化身。此外，在完成千日回峰行後，修行者還需經歷第六年的「赤山苦行」以及最終的「十萬枚大護摩供」等考驗。滿行的大阿闍梨更享有穿著草鞋進入京都御所參拜的殊榮。

一走進比叡山，敬畏之情油然而生。那些走在黑夜與風雪中的修行者，用千百年的腳步告訴我們：「不退轉」不是一句話，而是一股撐到底的力量。

就在我迷失於重重山徑與寺廟之間時，突然在一處不起眼的拐角，發現了一塊斑駁的石碑。它靜靜矗立於山林之中，石面上刻著幾個略顯滄桑的字跡——「道元禪師得度靈跡」。

這座石碑記錄著一位在日本禪宗史上留下深刻印記的高僧，在這片天地中走過他的人生轉折，剃度出家。若你對道元禪師的故事尚不熟悉，請容我慢慢道來——這是一段充滿神祕色彩的修行歷程。

年少時，這位出身天台宗門下的修行者道元，在比叡山潛修期間，始終被「既然人人本具佛性，為何還須修行？」的疑問所困擾。面對日漸世俗化的僧團，這份疑惑更形深刻。日本貞應二年（1223年），他毅然決定遠渡宋朝，並在慶元府（今浙江寧波）的天童山，拜見了對其一生影響深遠的曹洞宗禪師——如淨。在天童山如淨禪師的指導

下，道元深刻領悟了曹洞宗「只管打坐」的禪法精髓。歷經四年左右的修行，於日本嘉祿三年（1227年），攜帶這份心法返回日本，開始傳授曹洞宗禪法，並於日本寬元二年（1244年）在越前國（今福井縣）吉田郡的山林間建立了永平寺。這座被茂密林木環繞的道場，至今仍是日本曹洞宗的兩大總本山之一，每年都有無數來自各地的雲水僧眾在此精進修行。

懷著對這位高僧的敬意與好奇，我順著石碑旁的小徑往下走，想一探道元禪師最初修行的場所。然而映入眼簾的，並非空曠無物，而是一方隱於杉林間的石壇與祭台。中央立有石碑與供桌，顯然是後人為追念道元禪師而建。簡樸的石階將人引向壇前，兩側石燈靜立，四周杉木環繞，彷彿將此地封存於一片清寂之中，供人靜心憑弔。他青年時期於比叡山修行的殿堂，歷經歲月更迭，早已不復當年原貌。

正當我感到些許失望之際，一股特殊的靈動感突然出現。這感覺不強烈，只是一種能量波動，帶著飄逸感在空氣中流轉。我順著這能量放鬆下來，意識深潛，元神被自然喚醒。我在參拜日本各處靈山時常體會到這種現象——不需刻意追求，只要放鬆心神，就能感受到神祕能量與元神產生共振。

也許是這片土地積累的千年修行能量，讓我體驗到了難以言喻的時刻。在道元禪師的祭台前，我的意識開始轉換，瞬間進入了一個異度空間。

周遭的一切褪去色彩，只剩內在的光。我的靈魂在無形空間裡自由遊弋。時而化為拳意透虛空，時而如靈歌迴盪，時而又如輕煙舞動。而肉身則紮根於現實，呼吸間吐納天地氣息。

我能同時感知兩個層面的存在。它們分離卻又連結，如同隔著一層薄膜，既看得見又摸不著。

一個人，分處兩地。這聽起來不可思議，卻是此刻的體驗。

那刻，我感受到與道元禪師願力交織，與比叡山的佛性、神性及地靈之氣融為一體。意識躍入更深層次，感受到安寧。嘴角不自覺上揚，是一種無言領會。我在深層中感受到無數生命的共鳴，在這雙重視角中，大千世界原來如此簡單。

突然間，難以言喻的喜悅與雀躍從心底湧現，那是超越世俗的狂喜，彷彿整個生命都被某種神聖的能量充盈著，這般感受之深刻與美妙，實在難以用世間的文字來形容。這一刻，我有了某種領悟——我不敢稱之為開悟，但在那瞬間，我放下了所有對經典義理的執著與追求、對神祕現象的好奇與探索。所有的煩惱、對靈修與生活的疑問在那一瞬間完全消失了。彷彿回到最初的狀態，一個不帶任何心念來到人世的純粹存在。

當我慢慢從那個無法言說的境界回到現實，元神也逐漸與肉身合一，我就這樣靜靜地坐在道元禪師的祭台前。在這份寂靜中，我感覺自己的呼吸漸漸消融，彷彿整個人化為虛空，連身體的界限都逐漸模糊。一陣山風拂過，竟有種風穿透身體的奇妙感受，就像自己成為了空氣的一部分。在這個無我的境界裡，連「我在打坐」的意識都消失了，只餘下純粹的存在。

在此刻，時間彷佛失去了意義，一切回歸到最本然的狀態。而我，似乎真正觸及了道元禪師所追求的究竟——佛法中所說「空」的真實義。也就在那一瞬，我才真正體悟古人所言：「不動如山，無住如雲。」因為此時此地，人與天地真的合而為一了。

陰陽交界：恐山靈場的冥府漫遊

恐山（おそれざん）位於日本青森縣陸奥市，被譽為日本三大靈場之一。根據記載，恐山菩提寺由天台宗僧侶圓仁（慈覺大師）於貞觀四年（862年）依神示創建，已有超過千年的歷史。然而，與高野山、比叡山不同，這裡不是單純的修行道場，而是一座亡靈的歸宿——傳說中生者與死者交會的禁地。

恐山地勢詭異，四周被荒涼的火山地貌環繞，地底裂縫不時噴出刺鼻的硫磺煙霧，混合著潮濕的山嵐，形成一股令人窒息的詭異氣息。火口湖——宇曾利山湖靜得不自然，湖水澄澈如鏡，卻毫無生機，與四周寸草不生的岩漠形成強烈對比，彷佛是生與死的交界。

寺內地獄巡禮道上，滿布孩童地藏與風車，微風輕拂，風車發出幽幽的旋轉聲，像是低語、像是哭泣，讓人忍不住懷疑，這裡是否真的只是一座佛教聖地。

來到恐山的路並不容易。這座位於本州最北端的靈場，需要從青森市搭乘快速巴士到下北半島的佛教重鎮——大畑町，再轉乘計程車或租車才能抵達。我籌劃這趟七月的恐山大祭多年，但總是因種種因素錯過。等到全球疫情結束的那年，我終於得以自駕造訪這座神祕的靈山。

地勢詭異，四周火山荒漠，硫磺煙霧不斷從地底湧出。

每年七月舉行的「恐山大祭（おそれざん たいさい）」，是真正讓這座靈場顯得詭異莫測的關鍵。每年七月二十二日上午十點左右，恐山大祭中莊嚴隆重的儀式「山主上山式」會準時舉行。被尊稱為「山主」的住持，會在眾僧侶的簇擁下，乘坐轎籠緩緩從太鼓橋啟程，莊嚴的行列徐徐前行。當隊伍抵達菩提寺總門，山主將下轎，步入肅穆的參道，最終進入地藏殿主持啟動儀式，為期五天的大祭正式拉開序幕。

在祭典期間，日本東北地區特有的傳統靈媒——「盲巫靈媒（Itako）」會進行與亡靈溝通的「通靈降靈（口寄せ）」儀式，其功能與台灣民間信仰中的牽亡魂（俗稱牽紅姨）有相似之處。過去，盲巫靈媒多為自幼雙目失明的女性，她們透過長年嚴格的修行，學習世代相傳的祕法，據信能讓逝者的靈魂短暫依附其身，並藉由她們的口，向生者傳達來自幽冥界的消息，以慰藉思念之情，或解答生者的疑惑。進行「通靈降靈」儀式時，盲巫靈媒有時會使用稱為「ゴザ」的竹製坐墊和「オシラサマ」神偶，並配合念珠和弓弦發出聲響，營造莊重的儀式氛圍。雖然過去失明的盲巫靈媒較多，但近年來人數已減少，也有視力正常的女性投入此一行列。此外，恐山在秋季（通常是十月）也會舉行「恐山秋詣り」，屆時也可能有盲巫靈媒進行「通靈降靈」儀式。

這些訊息裡藏著對生者的思念，也混雜了亡魂未盡的苦楚與遺憾。參加儀式的人，有的聽見靈媒傳來逝去親人的聲音，淚水止不住地流；有的則因那些話語太過真切，臉色瞬間蒼白。但真正讓人不安的，不是靈媒說了什麼，而是那些不該出現的聲音。有人說，在儀式中，除了靈媒的聲音，耳邊會掠過陌生的低語，像有人貼著你說話，卻看不見人影。遠處偶爾還會傳來隱約的哭聲，斷斷續續，聽不清是真是幻。

更詭異的是，有些靈媒還沒開口，現場就有人聽見空氣裡迴盪著細碎的回音，像什麼在試著發聲。那聲音不屬於任何人，卻又近得讓人頭皮發麻。究竟是什麼想說話，沒人知道，也沒人敢問。

你相信神祕的存在嗎？你相信有鬼嗎？如果你從未踏足恐山，那麼這個問題或許根本沒有意義。

駕車前往恐山的路上，各種想像在我腦海中浮現。民間傳說中，恐山與地獄相通，兩界的邊界在此變得模糊不清。我不禁想像：今日會不會看見冤魂攀附於整座山脈，如霧如煙，無所不在？當我踏入這片土地，會不會發現每個前來參拜的人身後都跟隨著已逝的親人，只是常人無法察覺那些透明的身影？而當那些被稱為盲巫靈媒的女性開始招喚亡魂，

恐山：靈與死之界

她們蒼白的臉上會映照出怎樣的異象？靈媒與亡靈交談時，那微顫的聲線之下，又藏著何種我們無法理解的世界？這種陰森的靈場，應該不會有太多人願意前來吧？就算是一年一度由住持主持的大祭，能有多少人願意造訪這樣一個專門溝通陰陽兩界的場所？畢竟，這裡說穿了就像是一座規模更大的陰廟。然而，當車子逐漸接近恐山時，眼前的景象卻完全顛覆了我的認知。

一輛又一輛的大巴士和遊覽車不斷從我身旁呼嘯而過。起初我還以為這些車輛載著的是一般的觀光客，直到快抵達目的地時，我才驚覺方才滿載的車輛全都是為了恐山大祭而來。那一刻，我愣住了。原來，與逝去親人的重逢，對日本人來說並非什麼可怕或遙不可及的事。相反地，他們珍惜著每年這一次能與亡靈對話的機會。

我在恐山看見的景象讓我深感震撼。在台灣，我們談鬼色變、避談死亡，對往生者諱莫如深，就連普渡也得選在農曆七月的特定日子舉行，平時提起亡魂的名字都是大不敬。然而在這裡，死亡就像是一位熟悉的老友，隨時都可以被邀來坐下，聊聊近況。

更觸動人心的是，為亡去孩童所獻上的紙風車——五顏六色的風車密密麻麻插滿整座山頭，在冷風中旋轉著，彷彿是特別為幽靈兒童

死亡在這裡不是終點，而是另一種日常。生者用供品、風車、言語與沉默，繼續對亡者說著話。

舉辦的嘉年華。那畫面本該令人毛骨悚然，卻在這裡奇異地轉化為溫柔的撫慰，就像是死亡被剝去了恐怖的外衣，只剩下赤裸而純粹的思念。

當真正置身於恐山大祭的現場，眼前的景象與我行前的想像有著天壤之別。原以為這裡會瀰漫著陰森詭譎的氣息，沒想到迎接我的卻是熙來攘往的人潮，熱鬧得宛如一場廟會。四處可見父母牽著孩子漫步其中，人們神色自若，絲毫沒有被恐山「靈場」的恐怖名聲影響。

我剛抵達恐山不久，十點鐘一到，一陣低沉的鼓聲忽然自遠處傳來。原本四散在山頭各處的遊客和香客，立刻停下交談，朝鼓聲方向看去。人群自動讓出一條通道。氣氛瞬間改變，剛才還像廟會般熱鬧的恐山，突然變得安靜莊嚴。神聖的氛圍迅速籠罩全場，所有人都感受到這股特殊的氣場。

我閉上眼，試著沉浸其中，腦海卻浮現台灣佛教法事的畫面，那是一種既熟悉又陌生的感覺。一列僧侶從山門出現，步伐一致，慢慢向大殿移動。隨後，恐山的住持也隨之進場。人群更加安靜，所有人都屏住呼吸，接著便跟隨住持的腳步，依序進入法壇，恐山大祭正式開始。

等候住持

恐山住持

我隨著眾人的腳步走入大殿，空氣中瀰漫著焚香的氣息，古老的木梁低垂，彷彿也在默默傾聽。我找了個角落靜坐下來，耳邊是低沉而綿長的梵唄，一聲聲迴盪開來，如同劃開一道無形的界線——那界線，隔著人間與靈界。

我閉上眼，將意識往內，轉化元神感知，想在被視為通往冥界的大殿內，感應亡者的痕跡。但片刻之後，心中卻泛起一絲難以言喻的失落。啟動儀式結束後，住持轉身離開大殿，走向側殿休息。殿內恢復寂靜，只剩僧侶低沉的誦經聲迴盪在大殿。我坐在原地繼續凝聚意識，感應是否有任何異樣的氣息，卻什麼也沒有。沒有靈異異象，沒有亡靈低語，一切平靜得近乎過頭，讓我開始懷疑——是人們誇大了恐山的想像，還是它們選擇不讓我看見？

當我們將自身視為純粹的意識，
便與幽靈無異，
如此，便能輕易融入宇宙之中。

死者早已想走，是活著的人不肯放手

失望地離開大殿時，我被右側一間房間裡散發的陰寒力量吸引，彷彿有人在呼喚我。踏入房間的瞬間，刺骨寒意沿脊而上，暈眩感襲來。我扶牆穩住身體，昏暗的燈光下，一排排遺照和遺物映入眼簾。男女老少的照片，每一張臉都模糊不清，卻似乎都在注視著我。這裡的空氣充滿陳舊衣物的霉味、殘留的體味和寺廟的檀香，形成一股窒息的混合氣息。

我環顧四周，這是一間遺物寄放室，靜靜承載著無數未竟的故事。家屬將逝者生前珍愛之物留在此地，一半是思念的寄託，一半是祈願——希望亡者能在佛菩薩的庇佑下安然前行。其中，有一些衣物是亡者生前穿過的衣服，曾被家屬交給盲巫靈媒，用來加強感應。這些物件因沾染著逝者的氣息，被視為通往靈界的線索。盲巫靈媒透過它們進入靈界之境，循著殘留的訊息尋找亡者。當儀式結束後，這些衣物不再帶回家中，而是被留在這個房間裡，繼續守著人間與靈界之間那無形的連結。

泛黃的照片、褪色的衣物、落滿灰塵的玩具，以及寫有逝者名字的牌位——每件物品都不只是單純的遺留之物。它們看似平凡，卻各自散發著難以言喻的氣息。房間裡也瀰漫著說不清的氛圍，不是幻覺，也無需特殊的感應能力——那些尚未遠去的靈，仍然在這裡。

燈光漸弱，暗處有蠕動的影子；屋外太陽高掛，室內卻溫度驟降。此地，絕對不只是有活人。忽然，一股強烈的悲痛湧上心頭，幾乎讓我窒息。這不是我自己的情緒，而是房間積累的所有哀傷同時爆發。

就在那一刻，我明白了：亡者

遺物寄放室，禁止攝影的門扉之後，是另一個世界。

留存世間，不僅是因為他們放不下人世，更是因為生者，放不下他們。

生者那種執著的思念和愛，就像無形枷鎖，將逝者的靈魂牢牢綁在這裡。在這陰陽交界處，死亡與思念交織成網，模糊了誰在思念誰的界線。凝視著這些物件，我領悟到最恐怖的真相：真正的「鬼」不是飄忽的魂魄，而是附著在遺物上的情感能量。每件物品都承載著生者無法釋懷的情感，成為亡靈無法超脫的牢籠。我沒看見傳統意義上的幽靈，但這些物品上的情感印記，比任何虛幻的鬼影都更真實、更強大，更令人毛骨悚然。

遺物寄放室隔壁房間，正進行著「通靈降靈」儀式，由靈媒為亡魂傳遞訊息。這是相對封閉的空間，除非是家屬，外人不得入內。至於其他等候的家屬，只能在門外靜候。我探頭望去，走道早已人潮

「通靈降靈」儀式入口

擁擠，空氣中瀰漫著壓抑的期待與焦急。

我留在遺物寄放室，嘗試轉化元神，感應靈媒牽引亡靈的氣場，想捕捉那一道從幽冥深處延伸而來的靈性連結。然而現場人潮洶湧，情緒波動交錯而生，干擾了能量場的穩定，使我難以專注，感知變得斷續紊亂，無法細細體察靈媒與亡者之間的通靈進程。

走入靈修已逾三十年，我曾多次協助他人尋找亡魂，或以元神進入幽冥界域，甚至運用靈山派特殊的降靈法門，讓往生者短暫附身於自身。然而此次前往恐山，我並非為了求神問卜，也未請示仙佛菩薩關於儀式細節。真正吸引我前來的，是想親眼見證「通靈降靈」儀式。

為了這一刻，我走出遺物寄放室，以研究者之姿，嘗試從外部觀察這場跨界對話。我站在窗邊凝望，卻發現距離遠得幾乎無法辨識細節；更遑論混亂現場中時而飄忽的氣場與幽微靈息，讓我只能隱約感應其存在，卻無從深入。

我心中浮現一絲遺憾。明明如此接近，卻彷彿永遠隔著看不見的牆。

離開時，我忍不住回頭，最後望了一眼那扇窗。也許，未來某個時刻，若機緣真正成熟，我將再次回到這裡。那時，我會準備好自己，去見證這門古老又充滿靈異的儀式全貌，以及它所藏著的，亡魂與生死的回答。

百鬼羅生：陰森古寺與一百零八羅漢的凝視

在閱讀接下來的故事之前，我想誠摯地對每一位熱愛日本文化與寺廟的讀者說明：我的書寫，絕非為了扭曲或抹煞日本寺廟所承載的佛法精神與歷史價值。相反地，我是帶著敬意與謙卑的心踏入這片土地，只希望從一位靈修者的視角，誠實記錄當時的感知與內在體驗。

我要說的這座寺廟，是我走訪眾多日本古剎中，留下最深、也最不尋常的其中一座。那種無法名狀的氛圍至今仍揮之不去，像是某種超越常理的記憶被刻進身體深處。在此，我必須澄清，我所遭遇的並非世俗意義上的「鬼」或「魔」，而是遠超出我們日常認知的存有——一種深不可測且巨大的能量場域，它以我們難以理解的方式存在著。至於這座寺廟的確切名稱與所在位置，請容我保留一點神祕。這不是刻意隱瞞，而是因為這段經歷本身過於特殊與震撼，我希望讀者的焦點能回到這場靈性遭遇本身，而不是對地點過度追索。接下來的內容，全是我當時的真實所見與所感，也是我靈修歷程中難以忘懷的深刻體驗。

踏入寺內，周圍的一切都變得靜謐而異樣

離開恐山之後，我繼續自駕遊歷東北地區的寺廟與深山。途中，無意間在市區邊緣發現了一座幽靜古寺。寺門前異常安靜，彷彿時間在此凝固。那座布滿青苔的山門與石階宛如經歷了千百年風霜，灰暗的木梁與剝落的朱漆透出滄桑感，卻又散發著無聲的莊嚴。這種與繁華世界隔絕的古寺，總是特別能引起我的興趣。

我走進寺中，裡頭空無一人，只有風聲與百年的建築偶爾發出輕響。寬敞的日式庭院保持著百年來的樣貌，沒有過多現代化的裝飾。樹影搖曳間，陽光灑落在石板路上，映出斑駁的光影。然而，這份美感並未讓人感到舒適，反倒像是一幅過於寂靜的畫，靜得令人不安。

最吸引我目光的，是角落那塊簡單的介紹牌。它說明這座寺廟已有將近八百年的歷

史，寺內供奉著五百尊羅漢像（實際為三百多尊），皆以實木雕刻，神情各異，它們既非神，也非佛，而是保留了人間百態的聖者形象。

我靜靜環視四周，讓那股沉靜與年代的重量自然落在心上。午後的陽光灼人，但我卻在踏入那古寺售票處的瞬間，左臂無端泛起一陣雞皮疙瘩，彷彿一縷幽冷的氣息輕撫過皮膚。難以名狀的壓迫感從通往五百羅漢堂的通道湧來，不知為何，我不是那麼想進去……

售票員面無表情，不見袈裟僧衣，這座寺廟或許早在百年前，就

羅漢堂前，陽光熾熱，卻在那一刻感到後背發涼──來自堂內的某種氣息，像是靜靜地凝視著我，等待什麼。

已無人於此出家禪修……那麼，又是誰在這裡繼續供奉香火？

我凝視著佛龕上那層積灰斑駁的漆木雕飾，灰塵靜靜覆著掌心結印的佛像，幾盞泛著銅綠的蓮形油燈，枯立在神龕前，燈芯焦黑，油痕乾裂，沒有光。

牆上告示早已泛黃脫落，香爐內只剩幾撮發白的香灰，空氣中瀰漫著潮濕與焚香遺跡交織的氣味。我看著這一切，像是看見被時間遺忘的祭壇，沒有了經聲繞梁，沒有了持咒誦念，這方寸之地，依然還是佛法護持之所嗎？我不禁想，當

午後的陽光悄然灑下，樹影斑駁，歲月靜靜在每一道光與影間留下痕跡。

佛光不再普照，這座寺廟的龍天護法還在嗎？還是已被某種存在所取代？但我萬萬沒想到，答案竟然會在接下來親自現身。

我佇立在進入五百羅漢堂前的長廊入口，眼前不過是一條平凡無奇的通道，卻不知為何，全身忽然間籠罩一層難以言喻的壓迫感。那股異樣的氣息，從腳踝悄然攀爬而上，就像踏入了截然不同的境域。這種感受讓我全身不舒服，卻又十分熟悉——那絕非陰靈或鬼魅之氣，而是令人肅然起敬的莊嚴威儀，恍若多年前我多次以元神面對神靈時的無比震撼。心底湧現一個確信——長廊深處，有一個超越凡俗的存在在等待我與之相逢……

我緩步前行，腳下踩著早已泛白的紅地毯，木板低鳴，每一步都顯得格外沉重。外頭明明驕陽似火，殿內卻像被隔絕於時空之外，瀰漫著難以言喻的壓迫與不安。空氣中潛伏著某種古老、神聖，甚至帶有靈體臨在的氣韻——像是有什麼存在正在靜靜注視。

在盡頭左轉後，是一條狹窄的走道，右側擺放著幾件寺內珍藏的古物、佛像與法器，歷史皆已逾百年。這些古老的法器靜靜地佇立在平台上，彷彿容納了無數無聲的祈願。最顯眼的，是一尊約二點五公尺高的佛像，因歲月侵蝕，面龐與軀幹布滿斑駁裂痕。不知為何，從頭到尾，我始終感受到一種強大的威嚴從佛像中流露而出，讓我不敢直視那雙眼

睛——或者說，是某種古老而莊嚴的靈體，靜靜地俯視著我。

我幾乎被這種威嚴所懾服，無法在這條古物長廊多作停留，我不習慣被那種無形力量「凝視」。

古物長廊盡頭是一扇低矮得幾乎要低頭才能通過的門，一低頭，我進入了一座寬闊到令人屏息的大殿——我期待許久，如今也無法忘懷的地方。大殿內，三百多尊羅漢像整齊排列。我抬頭望向中央神壇上方的天花板，一條巨龍盤踞其上，龍目圓睜，威嚴懾人。那雙眼睛散發超然光芒，無聲地俯視著整個大殿。瞬間，一股強大的威壓籠罩下來，如同面對神明降臨，令人不由自主地感到敬畏與渺小。

我佇立許久，全身的氣息幾乎凝滯，掌心也隱隱滲出汗水，卻怎麼也無法移動腳步。那種來自神聖領域的凝視，讓人不敢妄動。

你曾經站在數百公尺巨大的神像前，感受過那種難以言喻的壓迫感嗎？

這裡的一切明明如此樸實無華，卻奇異地散發出撼動人心的威嚴力量。這種反差鮮明而直接，令人屏息凝神，無法忽視。真正的神聖與威嚴，從不仰賴巨大與宏偉。它們的存在，就足以讓你在瞬間領悟自己的渺小與有限。

我強忍著內心不斷湧現的恐懼與寒意，雙腿微微顫抖，卻還是一步步走過整個大殿，逐一瞻仰這三百多尊羅漢聖像。那股無形的威壓如影隨形，每向前走一步，都彷彿有千斤之重壓在肩頭，心中甚至萌生了奪門而出的衝動。然而，我心底很清楚，這份壓迫感並非來自鬼魅妖邪，而是超越凡俗的神聖威嚴，是對未知世界的敬畏，是靈魂深處最原始的顫慄。這是凡俗面對神聖之時，出自於內在的本能反應。我鼓起勇氣邁步向前，帶著恭敬仔細端詳這些羅漢像。它們的雕工精細，神情生動，每一尊都彷彿連接著某種超越人世的神聖力量。

就在此刻，我感受到強大的靈氣瀰漫在整個羅漢殿，無需轉換元神，便能察覺到它的存在。當真正調動元神意識時，更讓我驚愕地發現，這裡不只存在一種靈性，而是多重神聖之氣的聚集地，如同廟宇大殿中諸神共處的莊嚴氛圍。那些肉眼不可見的神聖存有，正以某種我們難以理解的方式，共存於這座大殿之中。

當我轉動元神，與它相會，領悟已然在心中浮現。在那一刻，我已知曉祂的真相，祂並非鬼，亦非妖，更絕非魔——甚至已跳脫一般人所熟知、能以言語或概念定義的任何存在。

離去前，我站在祭壇前深深一鞠躬，誠摯表達對這片神聖空間的敬意，如同面對家中神明那樣虔誠。此刻，原本莊嚴而壓迫的威嚴感才稍稍轉為平和。然而，那種被更高存在注視的感覺，從未真正離去。

在這個世界上，有太多存在遠超我們的理解。靈界充滿我們無法以語言、概念、經驗去框定的力量。真實有時不在知，而在無法被知。請容許我保留不說出此地的權利，這不是隱瞞，而是一種尊重——對祂、也對你。因為我不願本書成為一張觀光地圖，引人帶著獵奇之心前往，驚動了祂們的清修與靜默。若你真心讀懂，請以靜默對待神聖。

不論祂是誰，祂都提醒我們：人極其渺小，宇宙極其寬廣。
祂在，即是臨在。這裡，話已至盡。

不以凡人之姿，妄議神聖。
靜默，超越真實。
心若全然沈寂，唯餘臣服與敬畏。
祂在，即是臨在。

※無極瑤池金母如是說——寺廟陰陽結界

為何常有人覺得廟裡只有神呢？這個問題帶出了很多人的迷思：該以何種態度來看待寺廟（含所有的宗教）？廟宇就像熱鬧的市場，各種靈體在此匯聚。有人認為廟宇神聖無比，鬼魂不敢靠近，但實際上，廟的神聖來自於人們的虔誠心意，而非某一位、唯一神明的居所。

神像本質上是人與神明之間的橋梁。當人們相信神像中有神明存在時，這種信念至關重要。然而，也需要明白，居住於神像中的靈體，其實有著各種不同的形態，正如每個人的心性各異，這些靈體的顯現也會依據人的修為層次而改變。

舉個例子，當你走進廟宇看到觀世音菩薩像時，或許會覺得那就是觀世音菩薩，這是因為你內心的信念使然。然而，實際情況往往比這更為複雜。

如果希望廟裡只有神明存在，不妨先反思一下：我們的心性時常不穩定，有時充滿焦慮與不安，也有時感到平靜。既然如此，如何能以這樣波動不居的人性，來期待廟中只存在一個固定的神明呢？就像這世界上沒有絕對的好與壞，每個地方都有它不同的一面。如果一個人還未達到純粹的神性境界，又怎麼能確定自己所看到的就是純粹的神明呢？

神性，是與宇宙規律合一的靈性狀態。它不求任何東西，也不拘泥於任何事物，而是保持順應天命的純真境界。因此，可以進一步思考：當一個人的靈性達到喚醒神性的境界時，這種高純淨的狀態並非依附於具體形式，甚至在這種境界下，你可能無法直接感知到神明的存在——因為祂已不以顯而易見的形態示現，而是融於天地、與萬物同在。正因如此，當每個人帶著自己的想法、慾望、執著與期待來建廟或拜廟時，這個空間中難免會帶有人的複雜面。在膜拜過程中，也必然會引發與之相應的靈界靈體前來。

無論是建廟的人、誦經的法師，還是來拜拜的信眾，每個人在廟中都不斷地投射出自己的慾望，並顯示出自己靈性的層次。想想看，如果一部戲曲裡只有好人或壞人，那故事一定很無趣。來廟裡拜拜的人，也有各種不同的心態。既然人都這麼多元了，廟裡的靈體當然也不會只有一種。

或許有人聽完以上的解釋後，會進一步產生疑問：如果廟宇很久沒有舉行法會，或者是一座廢廟，那麼這樣的廟中是否會充滿鬼魂或所謂的妖魔呢？我想藉此問題來回答大家：答案是否定的。如果有人認為廟宇長期沒有人膜拜，神靈會離開，鬼魂妖魔就會進駐，這樣的想法其實是在揣測靈界的運作。無論是鬼魂、妖魔或其他任何形式的靈體，都需要與人有能量上的連結，這種連結並非無緣無故產生，而是來自人類的情感、思想、信念和需求。

舉例來說，鬼魂或妖魔可能會被某些負面情緒（如恐懼、憤怒）或未解決的過去情感所吸引，而這些情緒本身會在人類的心境或行為中產生某種能量場，從而吸引這些靈體進入，而這與神靈的能量不同。神靈的存在不依賴人類的情感波動或需求，因此，即使廟宇長時間沒有人膜拜，神靈的存在也不會受到影響。但就像人需要吃飯一樣，靈體也需要能量才能存在，如果是一間沒人管的廟，靈體反而會慢慢消失。想想看，誰願意住在一間荒廢破敗的房子裡呢？靈體也是一樣，它們比較喜歡熱鬧、有生氣、活力與能量的地方。

所以，若你到一間廟宇，感覺氣氛陰冷、空間異常詭異，這並不一定代表有鬼魂在作祟，可能更多的是空間能量的影響。因此，不要被這些無形的感覺迷惑。無論身處何地，無論感受到何種能量，那只是空間的真實狀態，不要因為自己的感受而過度解讀。不必被眼前的幻象困惑，不必誤以為這就是真實的存在，這正是人類常見的無知與迷失。

宇色透視

多年來的靈修，帶給我最深的啟發是：真相源於親身體驗，而非他人轉述，或網路上無法辨真偽的資訊。靈修不是盲信，而是一場自證自明的體驗。然而，許多人對於靈修仍抱有美化的想像，以為接觸靈性必然帶來平靜與祥和，但事實真的是如此嗎？在創立靈元院之前，我曾經歷一場至今仍無法完全解釋的事件，可能會顛覆一般人對於鬼靈、靈界的想像。

農曆七月，無極瑤池金母祝壽法會前夕，在北部一間臨時租用的小教室。

「這場法會很特別。」無極瑤池金母曾指示。「除了信眾外，他們的祖先靈、冤親債主，還有其他『訪客』會出現，結界與淨壇儀式因此變得至關重要。」那一日布置會場前，我指示當天協助的義工們。大家都帶著嚴肅與謹慎的態度，兢兢業業地布置著。

原本空蕩蕩的室內，慢慢呈現出莊嚴的佛堂樣貌。此時，室內的氣氛……變了。不知從何處滲入濃厚的氣場，無聲地爬滿整個空間。

「你感覺到了嗎？」一位師兄停下手中工作，臉色微變。他沒有詳述，但我明白他的意思。空氣中有股……重量，無形卻沉重，彷彿整個空間被某種存在壓縮著。

我們選擇繼續工作，不願被奇怪的感覺干擾。

然後……「咚——！」

金屬撞擊地面的聲響劃破寂靜。另一位師兄剛爬上鐵製摺疊桌，桌子就崩塌了。不是慢慢歪斜，而是瞬間、徹底地垮陷。他從地上爬起，臉色蒼白，聲音顫抖：「我確定它很穩……但就在我站上去的那一刻……」他停頓了很久，似乎在搜尋合適的詞彙。「……彷彿有人……用力向下壓……」

我們不約而同地望向門外，沒有人敢將疑問說出口。

法會開始前，空蕩的教室裡可能已經不只有我們存在……還是說，信眾的祖先靈、冤親債主已經進入會場，只是我們沒有察覺？

法會一開始，我就感到一陣強烈的暈眩，隨著信眾陸續進場，這種感覺越來越明顯。那一刻我更確信——正如無極瑤池金母所說，廟宇、道場、教堂，就像一座靈性市場，各種靈體都會聚集於此。直到法會正式啟動、開始召請龍天護法、祈請諸佛菩薩降臨壇前後，那股壓迫感才慢慢退去，取而代之的是一種寧靜、一種整個空間開始安定融合的感覺。我能感覺到，那些祖先靈與冤親債主的業力，也在這一刻逐漸化解、釋放。

很多人以為廟是神聖之地，鬼魂不敢靠近，但真正的神聖，不在於哪位神明坐鎮，而在於人心夠不夠虔誠。正是這場充滿靈性震撼的法會，讓我深刻體悟到宗教空間的本質，也讓我更加理解無極瑤池金母所言：「廟宇是能量的集結點，而非某種單一靈體的住所。」

當你真正明白這個道理後，寺廟裡的是神、是鬼、是妖魔，已經不再重要。因為真正的神聖，不是來自外在世界，而來自你的內心、靈魂與意識。當你的心變得神聖，當你真正喚醒內在的神性，那麼任何地方都能成為神聖之地。

這次的經歷，使我在日後踏足世界各地的宗教場域，感受到那股隱藏於建築之中的神祕能量時，終於領悟到古人所說「見山是山，見水是水」的境界。修行的道路，是從直觀的經歷轉向心靈的反思，最終獲得內在智慧的蛻變。

隨著修行深入，我逐漸擺脫感官的束縛，體悟到眼見未必即是真相，感官所見往往如浮雲掠影，真正的智慧需要沉澱在心靈深處。當你經歷足夠多的事情，你會發現這些表相並非終點，而是開啟內在智慧之門的鑰匙。

神聖與恐懼，原本就是同一枚硬幣的兩面

在高野山、比叡山、恐山以及那座擁有八百年歷史的古剎，那些超乎尋常的體驗，不能簡單地以「鬼靈、妖、魔」等一筆帶過。在表象之下，存在著我們尚未覺察的多重維度。承如無極瑤池金母所教導的：有人認為廟宇長期沒有人膜拜，神靈會離開，鬼魂妖魔就會進駐，這樣的想法其實是在揣測靈界的運作。

透過這些經歷，我想分享的觀念是：真正帶給人類心靈震撼與恐懼的，不只有民間傳說中的鬼魅魍魎。當我們面對靈力強大到超出我們理解的存在時，不管是神還是靈，都會讓我們這些普通人感到極度的恐懼和震撼。

我想與讀者分享一個鮮為人知的真相：神靈並非總是如想像中那般溫暖祥和。在我靈修初期，記述於《我在人間與靈界對話》與《我在人間的靈界事件簿》兩書中的經歷可以為證。當我第一次見到關聖帝君和九龍太子時，那種震撼幾乎讓我整個人崩潰。特別是在面對關聖帝君的那一刻，我感覺全身像是被強大的電流貫穿，雙腿完全失去力氣，整個人不受控制地倒在地上；親眼見到無極瑤池金母時，我淚流滿面。

這正是我想與你分享的頓悟：不要天真地以為神聖的存在只會帶來寧靜與安詳，那只是人類有限經驗下的一廂情願。當你真正踏入靈性探索的深處，你會漸漸明白：這個世界的複雜程度，遠超我們慣常的二元思維所能概括。關鍵在於我們是否能以平和的心去理解與接納。

有些人過度解讀宗教，例如擔心神像若無靈性加持，可能會被邪靈附身，甚至認為運勢不好是因為祖先牌位出了問題。但當我們遇到這些說法時，更重要的是回頭看看自己的內心——究竟是神像出了問題，還是我們的內心未能安定？真正的修行，不在於執著於現象的真偽，而在於如何在每個當下保持內心的清明。

當我們走進廟宇，重要的不是去判斷神像是否入靈，而是要觀照自身的內心。真正的靈性體悟來自於沉默與內在的覺知，而非外在的言辭與論述。釋迦牟尼佛名字中的「牟尼」，便蘊含了這份深刻的智慧。相較之下，若一個人在靈性領域高談闊論，卻未曾真正內觀，那麼他的話語未必真正帶有靈性力量。知之為知之，不知為不知，是智者的態度。在靈修的道路上，保持開放與謙遜的心，才是真正的修行之道。

讀完這篇文章，你心中或許湧現諸多疑問：例如，我在高野山目睹的那道黑影究竟為何？我在比叡山不滅法燈旁感受到的靈體是什麼樣的存在？以及在那座古剎中，讓我全身寒毛直豎、雞皮疙瘩不斷、身體不自主顫抖的那股能量又是什麼？

然而，與其執著於揭開這些現象的真相，我更願意引述無極瑤池金母的智慧之言作為我們共同的省思：「不要因為自己的感受而過度解讀。不必被眼前的幻象所困惑，不必誤以為這就是真實的存在，這正是人類常見的無知與迷失。」靈界的存有，其實比我們所能夠想像的還要複雜多元。我們也不該一廂情願地認為，所有的通靈人、陰陽眼或神職人員，都能在第一時間準確判斷面對的是神、是鬼、是魔、是妖。

以我自身的經歷為例，若你是我的長期讀者，你應會記得在《我在人間的靈界事件簿》一書中記載了有許多人——包括乩童、通靈人——都不約而同地看見我身上有一隻「女鬼」。將近十多年，我對那些言論與判斷皆已不以為意。直到後來在台灣新竹五指山會靈時，我才得知真相：那並非女鬼，而是另一種層級的靈體。當時無極老母曾這樣解釋：「此女靈來自菩薩界的一位高靈（可稱之為守護靈），因與你有一段因緣，從出世以來便一直伴隨於身側，守護著你。你小時候天性頑皮，家人管不動，命格又注定常會有危及生命的事件發生，多次的溺水事件僅是一小劫。讀小學時經歷過車禍，被急速的摩托車拖行百來尺，剎車後又被拋出去，能夠保住小命也全是因為祂的緣故。在與鬼同住多年的舊家，之所以能夠全家平安無事，也是因為有祂保護。」

經無極老母的解釋，想必你會恍然大悟，為何我能出入諸多靈異、鬼靈現場，接觸這麼多不可思議的事情，甚至踏足曾有數十萬、上百萬人喪生的歷史事件發生地（南京大屠殺、歐洲四大集中營），卻從未被鬼附身或吞噬。更令人驚訝的是，我做通靈問事這麼多年，也從未遭遇所謂的不好事情——答案就在此處。

無論你能否接受無極老母的解釋，有一點是必須認同的：**靈界比我們想像中更為複雜多元，靈體及其定義絕對超越了一般書籍中的簡單描述**。這正是本書最核心的啟示——真相並非總在現象之中，而在於我們如何看待這些現象，如何超越二元對立的思維，如何在神祕與平凡之間找到心靈的安住之處。

每一次超自然的經歷，都不僅是對外在世界的探索，更是對內在自我的深刻省思。我們所見的現象或事件，往往會直接衝擊我們的內心，而因為我們缺乏心靈的明辨之眼，便容易誤以為那就是全部的真相。然而，當我們培養出這份明辨能力，所見的現象便會轉化為滋養靈魂的養分。

沉睡者，

若對心靈奧祕全無領悟，

又焉能喚醒內在的靈性之力？

探問

①為什麼寺廟會同時存在神聖與靈異？不是應該只有神明嗎？

寺廟是靈界與人界的交會處，不是單純的「神明居所」。它像是一座能量市場，承載著不同信仰、願力與執念的交匯。神聖來自人心的穩定與虔誠，靈異則往往與人的情緒投射有關。當人心未穩，所感應到的存有自然就不一樣。不是神明不在，而是每個人接通的頻率不同。

②為什麼怨靈有時會被供奉為神？那不是很矛盾嗎？

所謂怨靈，其實是靈魂在巨大不甘中留下的痕跡。但透過信仰的轉化、儀式的安撫，它們也可能從怨念中昇華，成為守護後人的力量。神與怨靈的界線，不在出身，而在於後來是否能從痛苦中轉化出慈悲。

③出家人不是修行解脫的嗎？為什麼還會變成「僧靈」？

修行能不能解脫，不在形式，而在內心。有些僧人對道場有深厚願力，即使肉身已逝，靈識仍留守其修行之地。這類僧靈多非惡意，而是某種守護的延續，它們的存在是修行精神的遺留與延伸。

④宗教場所為什麼會出現結界？那到底是什麼？

結界是一種能量範圍，不一定肉眼可見。當某地長年累積強烈的願力、修法與靈性活動，自然會形成特有的氣場。踏入結界時，感官會受到調整，意識變得敏感，甚至感受到時間與空間的微妙變化。這不是幻覺，而是靈性觸覺的開啟。

⑤我該怎麼分辨自己遇到的是神明、祖靈、怨靈還是其他靈體？

從氣場感受可以初步判斷：神明多為安定、莊嚴，祖靈帶有熟悉與情感共鳴，怨靈則可能壓迫、滯重。但最重要的不是分辨它們，而是保持心正，氣穩，不論是什麼靈體，都不會對你造成實質干擾。關鍵在於修煉內心，而非執著外在。

⑥為什麼有些寺廟讓人覺得安穩，有些卻讓人發冷？

能量場的不同，不一定和神明是否「存在」有關。即使是一座荒廢多年的廟宇，若無人互動，也不一定會吸引所謂的妖魔。靈體的聚集往往與人心有關——人來、念起，靈隨之動。廟裡的能量氛圍，其實是人與靈共同創造的結果。當你感到寒意，未必是靈作祟，也可能只是能量流不順的反應。

⑦我怎麼知道自己拜的真的是神，不是其他靈體？

神像是橋梁，信念是引路。你帶著什麼念進廟，就會連結到什麼層次的存在。一尊神像，不同人拜時會產生不同的靈應，這不是神在變，而是你自己在投射。真正的神性是純淨、無求的狀態，能量穩定、無爭、無懼。若感受到的不是這種狀態，那不見得是神的問題，可能是心還未穩。

後記：從靈異，看見自己的八道靈性通道

《請問鬼怪》這本書已經寫完，但它不是結束，而是我生命中持續的過程，鬼怪並未隨著書本的結束而消失。

當我完成這本書，更多的是對過去經歷的整理與回顧。當你閱讀這些故事時，對你來說可能新鮮有趣，但對我而言，寫作過程則幫助我重新釐清曾被遺忘或忽視的經歷，並從中獲得新的理解。

在書寫時，我向靈界導師無極瑤池金母請教了許多事件背後的意義。像大多數人一樣，當事情發生時，我並未深入思考其中的含義——這是我的疏忽。其實，生命中的每件事都有其因緣，忽略它們等於忽視了自己生命的價值。不探索這些事件的真正意義，我們的生命就會缺乏深度。

重新整理這些經歷時，我意識到過去生命中的每一刻都十分珍貴。這也是我想傳達給讀者的：當你讀完這本書，它可能會喚起你內心的某些回憶——靈異事件、無法解釋的經

歷，甚至是普通但意義深遠的往事。我邀請你將這些回憶寫下來，或與親友分享。因為分享本身是一種梳理，能幫助你更清楚地理解自己，並與過去的經歷建立更緊密的連結。

八道覺醒之源

這本書的故事源自無極瑤池金母對我的核心教導。我將自身靈異經歷與所得智慧，緊扣以下八個主軸，它們不僅是鬼怪故事的呈現方式，更是我靈修旅程中的重要領悟。希望你讀完《請問鬼怪》後，能以這八個靈性視野重新翻閱全書。當你以這些教導為線索再次閱讀時，或許會發現初讀時未曾注意的深層含義。這些由無極瑤池金母傳授的智慧是全書的靈性主線，透過再次閱讀，你將能看見表面現象背後更深刻的靈性啟示與生命智慧。

1. **思維與視角的轉變：**每一個發生在生命中的靈異事件，都在挑戰我們固有的思維模式，提醒我們從不同角度審視事物。這些經驗確認了每個人感知能力的獨特性，讓我們從固有認知中解放，發現世界的多重面向。

2. **內在覺察的深化：**靈異事件中斷日常思維，迫使我們回歸內心，觀察自身狀態。透過觀察經歷靈異事件時的情緒和反應，我們能更清晰地理解自己的內在狀態，看見情緒與生活狀態如何影響我們解讀世界。

3. **存在的邊界與尊重：**每個靈異現象都在特定的時空範圍內發生，提醒我們世界有其自然法則與界限。學會尊重這些界限，是我們與自然和諧共存的基礎，也是探索未知領域的必要態度。

4. **動機的純淨與探索：**探索靈異景點、鬼屋時，動機的純淨至關重要。無論出於好奇或尋求真相，純粹的意圖能引領我們穿越恐懼，獲得更有價值的理解。正是這些看似令人不安的經驗，可能揭示出我們內心深處的真實恐懼。

5. **靜默的力量與內在轉化：**面對靈異經驗時，適當的沉默能促進深刻的內在轉化。這種靜默讓經驗在心中沉澱，幫助我們超越表象的混亂，培養更深層的洞察力，辨別真相與幻象。

6. **親證與內在智慧的覺醒：**真正的智慧不是來自外部權威，而是源於內在覺醒與親身體驗。靈性成長需要我們親自體證，而非依賴他人敘述。靈異經驗往往揭示出，許多問題的答案早已蘊藏在我們心中。

7. **與日常生活的整合：**有意義的靈異經驗能夠自然融入日常生活，成為智慧的源泉而非造成混亂。關鍵在於將這些非常態經驗的洞見，轉化為日常生活中可應用的實際智慧。

8. **恐懼的轉化與突破：**靈異事件引發的恐懼，常是內心深處恐懼的投射。直面而非逃避這些恐懼，能讓我們突破限制，獲得更廣闊的視野和更深刻的自我理解，最終超越恐懼本身。

邀請

我的《請問鬼怪》旅程還在繼續。如果這本書對你有所啟發，請將它推薦給身邊的朋友，或在社群平台上分享你的讀後感。你的每次分享都是支持我繼續寫作的動力。我還有許多未公開的奇幻經歷——歐洲古城的靈異邂逅、東南亞神祕國度的不可思議遭遇——都期待能與讀者分享。只有透過你的支持，《請問鬼怪》才有可能推出續集，讓更多不為人知的靈異故事得以傳遞。讓我們一起在這現實與超自然交織的探索中，尋找生命更深層的意義。

當你閱畢《請問鬼怪》後，若書中故事喚起了你的任何回憶或經歷，我誠摯邀請你與我分享。每個故事都是獨特的靈性印記，值得被聆聽和記錄。

請將你的故事寄至靈元院email：lyyuan03@gmail.com。如果你同意讓我在未來的著作中分享你的故事，請在信中註明：「本人授權作者在未來出版品中使用此故事，並理解內容可能會經過編輯潤飾，但將保留原意。」

人生如書，而靈性之旅無終點。感謝你，與我同行。

【LYY 靈元院】線上課程報名

宇色講鬼 YouTube 頻道

異業合作、演講邀約、媒體訪問、節目合作或讀者來信

請聯繫靈元院：lyyuan03@gmail.com

靈元院官方頻道 Telegram：

靈元院聯絡帳號 Telegram：

眾生　JP0237

請問鬼怪：
穿越台日幽冥幻境，無極瑤池金母讓你看見內在恐懼與執念

作　　者／宇色 Osel
責任編輯／劉昱伶
封面設計／兩棵酸梅
內頁排版／菩薩蠻電腦科技有限公司
業　　務／顏宏紋
印　　刷／韋懋實業有限公司

發 行 人／何飛鵬
事業群總經理／謝至平
總 編 輯／張嘉芳
出　　版／橡樹林文化
　　　　台北市南港區昆陽街 16 號 4 樓
　　　　電話：886-2-2500-0888 #2736 傳真：886-2-2500-1951
發　　行／英屬蓋曼群島商家庭傳媒股份有限公司城邦分公司
　　　　台北市南港區昆陽街 16 號 8 樓
　　　　客服專線：02-25007718；02-25007719
　　　　24 小時傳真專線：02-25001990；02-25001991
　　　　服務時間：週一至週五上午 09:30-12:00；下午 13:30-17:00
　　　　劃撥帳號：19863813 戶名：書虫股份有限公司
　　　　讀者服務信箱：service@readingclub.com.tw
　　　　城邦網址：http://www.cite.com.tw
香港發行所／城邦（香港）出版集團有限公司
　　　　香港九龍土瓜灣土瓜灣道 86 號順聯工業大廈 6 樓 A 室
　　　　電話：852-25086231　傳真：852-25789337
　　　　電子信箱：hkcite@biznetvigator.com
馬新發行所／城邦（馬新）出版集團
　　　　Cite（M）Sdn. Bhd.（458372U）
　　　　41, Jalan Radin Anum, Bandar Baru Seri Petaling,
　　　　57000 Kuala Lumpur, Malaysia.
　　　　電話：+6(03)-90563833　傳真：+6(03)-90576622
　　　　電子信箱：services@cite.my

初版一刷／2025年9月
I S B N／978-626-7769-03-4（紙本書）
I S B N／978-626-7769-02-7（EPUB）
售　　價／450 元

城邦讀書花園
www.cite.com.tw

國家圖書館出版品預行編目（CIP）資料

請問鬼怪．穿越台日幽冥幻境，無極瑤池金母讓你看見內在恐懼與執念 / 宇色 (Osel) 著．-- 初版．-- 臺北市：橡樹林文化出版：英屬蓋曼群島商家庭傳媒股份有限公司城邦分公司發行，2025.09
面；　公分．--（眾生；JP0237）
ISBN 978-626-7769-03-4(平裝)

1.CST: 通靈術 2.CST: 靈修

296.1　　114009715